中学校のための

法教育11教材

一人ひとりを大切にする子どもを育む

日本弁護士連合会市民のための法教育委員会　編著

東洋館出版社

刊行にあたって

　日本弁護士連合会「市民のための法教育委員会」は，2017年9月に『小学校のための法教育12教材― 一人ひとりを大切にする子どもを育む』を東洋館出版社より上梓しました。本書は中学校向けですが，本書においても「一人ひとりを大切にする子どもを育む」というサブタイトルに込めた私たちの願いは変わりません。すなわち，細かな法律やルールを覚えるのではなく，一人ひとりを大切にする（個人の尊厳）という普遍的な価値を守るための近代の政治と法の原理や原則について，自分たちの生活に密着したものとして実感をもって学んでもらいたいということ，また，これらの原理や原則を理解するだけではなく自分たちの生活の中で活用できるようになってほしいということです。そのようなことができれば，より「一人ひとりが大切にされる社会」へと子どもたちが巣立っていけることになるでしょう。

　とはいえ，中学生は小学生とは違って，学校や家庭などの身近な集団内にいる「顔の見える」人たちのことだけではなく，地域社会や国や国際社会といった大きな集団内の課題についても考え始めなければならない時期にあたるでしょう。そのため，本書では，契約自由の原則とその例外，過失責任の原則，権威，立憲主義，正義，公平，手続の公正といった前書と全く同じ原理や原則を扱っていますが，前書とは違って，実社会で実際に起こり得るような事例を用いています。また，これらの原理や原則を実社会で活用するスキルを身に付けてもらうために，ルールづくり，民事模擬調停，刑事模擬裁判といった実社会で現に行われている法的な活動をできるだけ実際に近い形で体験してもらうことを心がけました。

　このたび改訂された新しい学習指導要領のもとでは，我が国の公教育の方向性が大きく変化すると言われています。何を知っているかではなく，実社会で何ができるか，どんな課題を解決できるか，が従来にも増して重視され，知識ではなく，課題にアプローチする際の見方や考え方が重要になるということです。本書で扱っている原理や原則も，それを知っていれば実社会の課題について何か「正しい答え」が導き出せるというようなものではなく，社会の課題について考える際の「見方」や「考え方」を提供するものです。そうであるからこそ，国際社会の問題から学級内の問題にまで幅広く応用できるものであり，さらには社会の中での自分の生き方を考える上でのヒントにもなることでしょう。そのような意味で，本書は，社会科の授業だけではなく，特別活動や道徳の授業においても十分に活用していただけるものです。

　前書に引き続いて本書においても，教育現場に不案内な私たち弁護士に対して，東洋館出版社の大場亨氏および教員の方々から多くの有益な御示唆・御助言を頂戴しました。ここに深く謝意を表します。

　2018年7月

　　　　　　　日本弁護士連合会　市民のための法教育委員会　委員長　野坂　佳生

目 次

刊行にあたって　1

中学校における法教育の意義と進め方　5

この教材集の構成について　11

中学校のための法教育教材

[契約と交渉]

No.1 契約をする・契約を守る 16
―契約のしくみと重要性を具体例から学ぶ―

[正しくない契約]

No.2 契約は，いつでも守らなければならないの？ 32
―契約の拘束力とその例外―

[他者への責任]

No.3 私が加害者!? 46
―他人の権利・利益を害してしまったら―

[模擬調停]

No.4 ボールの奪い合いが始まった!? 58
―もめごとを解決するために第三者を交えて話し合いをする（民事調停）―

[リーダーの民主的統制]

No.5 ソレイユ国物語 74
―権力の正当性とそのコントロール―

[ルールの形成]

No.6 本町夏祭り　出店のルールを考えよう！ 88
―ルールを作り，評価する―

[多数決の意義と限界]

No.7 みんなのことの決め方は？ 104
―みんなで決めるべきこと，決めてはならないこと（民主主義と立憲主義）―

[公平な配分]
No.8 どうすれば公平に分けられる？ ……… 116
――利益や負担の公平な分け方（配分的正義）――

[過ちの正し方]
No.9 盗み食いしたら罰金10万円！ これって正しいの？ ……… 128
――不正や損害に対して公正な対応をする（匡正的正義）――

[ものごとの決定手続]
No.10 オリンピック代表選手は誰だ？ ……… 142
――公正な手続によってものごとを決める（手続的正義）――

[模擬裁判]
No.11 裁判を経験してみよう！ ……… 158
――刑事裁判手続を通して，論理的思考，問題解決能力を学ぶ――

日弁連広報キャラクター
「ジャフバ」

中学校における法教育の意義と進め方

國學院大學教授　安野　功

1．今こそ，法教育の充実を！

　学校教育を取り巻く社会の動きに目を向けると，「今こそ，義務教育において法教育の充実を」というわたくしの思いを全国の先生方と，まず共有したい。そう強く願っています。

　社会の動きとは，その筆頭が，およそ140年ぶりとなる「成人年齢を18歳に引き下げる」などの民法改正です。

　その施行後には，18歳から親の同意がなくても，ローン契約を結んだりクレジットカードを作ったりできるようになります。しかし，同時に「未成年者取消権」（親の同意のない法律行為を取り消すことができる権利）を行使できなくなるのです。

　ここで懸念されるのが若年層の消費者被害の拡大です。その防止策として，不安をあおって商品を売りつける「不安商法」などの不当な契約の取り消しを定めた改正消費者契約法が成立しました。しかし，それで問題がすべて解決されたとは思えません。

　そのこと以上に，法治国家である日本の将来を切り拓く成人の年齢を18歳以上とするからには，法に関するそれ相応の教育が強く求められるのは自明の理です。

　こうした社会の変化に柔軟に対応できる教育を施すために，この度改訂された新学習指導要領には，これまで見られなかった画期的な視点が盛り込まれています。それは……

　　"現代的な諸課題に対応して求められる資質・能力を教科等横断的な視点で育成する"

というものです。

　この現代的な諸課題に対応して求められる資質・能力について，新学習指導要領解説総則編では，「主権者として求められる力」を例示の一つに挙げ，巻末の付録として「法に関する教育（現代的な諸課題に関する教育等横断的な教育内容）」を掲載しています。

　このように，学校教育を取り巻く社会の動きやそれを踏まえて改訂された新学習指導要領に目を向けると，今こそ法教育の充実が必要であるといえるのではないでしょうか。

　ところで，民法の改正や学習指導要領の改訂など，今ここで述べたことは，法教育の充実に関わる昨今の情勢，いわば流行から見た側面です。しかし，法教育には不易とも言うべき教育の本質に関わる重要な意義があるとわたくしは考えています。

　それらのことを踏まえ，中学校における法教育の意義と進め方のポイントについて，読者のみなさんと一緒に考えていきたいと思います。

2. 中学校における法教育の意義

(1) 学校の教育目標と憲法・教育基本法

"教科を通して人を育てる"という言葉があります。

教育の目的を分かり易く端的に言い表したものです。

保護者会で，「学校と塾との違いは何ですか」と聞かれたとき，この言葉で説明すると「なるほど，そこが学校と塾との違いか」と納得していただけることが多いようです。

ところで，この言葉の根拠はどこにあるのでしょうか。

それは，日本の教育制度やその目的及び理念等を定めている日本国憲法及び学校教育法です。そこでは，教育の目的について，次のように規定しています。

（教育の目的）

第一条　教育は，人格の完成を目指し，平和で民主的な国家及び社会の形成者として必要な資質を備えた心身ともに健康な国民の育成を期して行わなければならない。〈教育基本法〉

義務教育として行われる中学校教育は，この教育基本法が掲げる教育の目的の実現を目指し，学校教育法に定められた目標，例えば，「学校内外における社会的活動を促進し，自主，自律及び協同の精神，規範意識，公正な判断力並びに公共の精神に基づき主体的に社会の形成に参画し，その発展に寄与する態度を養うこと」などが十分達成できるようにしていかなければなりません。

その意図的・計画的な教育の場こそが中学校であり，国語，社会などの各教科，特別の教科である道徳，総合的な学習の時間，特別活動などにおける教育活動を通して，その目的実現や目標達成に向けて日々子どもたちを育てていくのです。だからこそ，多くの学校では，自校の教育目標を目指す生徒像という表現を用いて定めています。

(2) 学校の教育目標と法教育

それでは，各学校が掲げる学校の教育目標と法教育とが，いったいどのような関係にあるのでしょうか。

それを考える上で，まず，日本の法教育が目指すものは何かを確認しておくことが必要です。

法教育の目的は，「個人の尊厳や法の支配などの憲法及び法の基本原理を十分に理解させ，自律的かつ責任ある主体として，自由で公正な社会の運営に参加するために必要な資質や能力を養い，また，法が日常生活において身近なものであることを理解させ，日常生活においても十分な法意識を持って行動し，法を主体的に利用できる力を養う」（「はじめての法教育」12頁 2005年　法教育研究会）ことであるとされています。

つまり，立憲民主主義という社会のしくみの中で日々生活を営んでいる私たち国民が，その理念である「自由で公正な民主社会」の形成者となるために求められる法的な見方・考え方の

基礎を子どもたちに養う。それが法教育の目指す姿なのです。

　そのことを踏まえ，既に触れた学校の教育目標と法教育との関係を考えてみましょう。

　学校の教育目標は，日本国憲法及び学校教育法に規定された教育の目的を踏まえて設定されるものであり，憲法の理念の実現を前提としたよりよい社会の形成者として必要な資質・能力の基礎を養うことを目指して設定されています。

　一方，法教育も憲法が前提としている「自由で公正な民主社会」の形成者となるための資質・能力の基礎を養うことを究極のねらいとしています。

　このように，両者が目指すものは憲法に基づく民主社会の形成者に求められる資質・能力の基礎を養うことであり，その意味において両者は極めて近い関係にあるのです。

　つまり，法教育に力を入れていくことは，各学校の教育目標の実現に大きく寄与するものであるといえます。

3. 法教育の進め方のポイント

（1）教育課程への位置付け方

　各学校が法教育を進めていく際，時間割の中に特別枠を設定する必要があるのでしょうか。答えは「NO！」です。社会などの各教科，特別の教科である道徳，総合的な学習の時間，特別活動など日々の授業に位置付けて行っていきます。

　その際，新学習指導要領総則編の中に新たに盛り込まれた次の規定の趣旨を前向きにとらえ，法教育の充実を自校の指導の重点に位置付けた特色ある教育課程を編成・実施していくことがポイントです。

> 　各学校においては，生徒や学校，地域の実態及び生徒の発達の段階を考慮し，豊かな人生の実現や災害等を乗り越えて次代の社会を形成することに向けた現代的な諸課題に対応して求められる資質・能力を，教科等横断的な視点で育成していくことができるよう，各学校の特色を生かした教育課程の編成を図るものとする。
> 〈新学習指導要領総則編第3章教育課程の編成及び実施の第2節教育課程の編成〉

　ここでは，次代の社会を形成するという大きな役割を担う生徒に，現代的な諸課題に対応して求められる資質・能力を教科等横断的に育成することが重要であるとし，そのことを踏まえ，各学校が，生徒や学校，地域の実態及び生徒の発達の段階を考慮して，自校の特色を生かした教育の目標や指導の重点を設け，教育課程を編成・実施していくことを求めています。

　その現代的な諸課題に対応して求められる資質・能力の一つが「主権者として求められる力」であり，具体的に教科等横断的に教育内容を構成するものとして，「法に関する教育」を明示しているのです。

　そのことを踏まえ，法教育の充実を自校の教育課程の指導の重点に位置付け，法教育の視点

を盛り込んだ指導計画を作成し，指導に臨むようにすることが大切です。

　それでは，法教育が大切にしている教育内容とは，具体的に，どのような資質・能力なのか。それらと関係が深いのは，どの教科等のどのような教育内容なのか。そのことについて検討を加えていきたいと思います。

　中学校における法教育では，憲法に基づく「自由で公正な民主社会」の形成者に求められる法的な見方・考え方の基礎を生徒たちに養うことを目指します。それは，既に触れた通りです。

　それでは，自由で公正な民主社会とは，どのような社会でしょうか。それは……

　「様々な考え方を持ち，多様な生き方を求める人々が，お互いの存在を承認し，多様な考え方や生き方を尊重しながら，共に協力して生きていくことのできる社会」（「はじめての法教育」11頁 2005年　法教育研究会）であると説明されています。

　そうした社会の形成者に求められる法的な見方・考え方の基礎とは，具体的に，どのような資質・能力なのでしょうか。中学校において，それは……

○他者の生き方を尊重しつつ自分らしく生きることができる共生社会をつくり，それを維持するために法やきまりが大切な役割を果たしていること，すなわち，法によって自らの権利や自由が守られていると同時に，他者の権利や自由を尊重するために法を守らなければならないという相互尊重のルールである法の大切さを，事例に基づいて具体的に理解している。

○共生社会を支えている法や司法制度の根幹にある，正義，公平・公正などの価値を，事例に基づいて具体的に理解している。

○法やきまりの大切さ，その基礎となる正義，公平・公正などの価値について理解し身に付けたことを日常生活の中で活かすことによって，自分たちの問題を自分たちで発見し，自分たちで話し合って解決していく力を身に付けている。その際，自分と異なる見解にも耳を傾け，公正に判断したり合意形成したりする力を身に付けている。

などであると考えられます。

　そのことを踏まえ，法教育と関連の深いのは，どの教科等のどのような教育内容なのかについて考えていきたいと思います。

（2）社会科，技術・家庭科における法教育

　中学校の教科において，法教育の中核となるのは社会科の公民的分野です。すべての内容が法教育と関連しているからです。

　その中でも，「Ａ　私たちと現代社会　（2）現代社会を捉える枠組み」は特に大切です。ここでは，社会生活における物事の決定の仕方，契約を通した個人と社会との関係，きまりの役割を多面的・多角的に考察し，表現する学習活動を通して，現代社会をとらえ，考察，構想する際に働かせる「概念的な枠組みの基礎」を生徒たちに育んでいきます。

　それは，「対立と合意」「効率と公正」「個人の尊厳と両性の本質的平等」「契約の重要性やそれを守ることの意義及び個人の責任」などです。

ここで学んだ「概念的な枠組みの基礎」については，その後の学習である経済や政治，国際社会に関する様々な事象や課題をとらえ，考察，構想する際に活用していきます。

例えば，政治学習の中の「人間の尊厳と日本国憲法の基本的原則」では，対立と合意，効率と公正，個人の尊重と法の支配，民主主義などに着目して課題を追究したり解決したりします。その活動を通して，我が国の政治が日本国憲法に基づいて行われていることの意義について多面的・多角的に考察し表現するとともに，法の意義や法に基づく政治の大切さ，日本国憲法の基本原則などについて理解できるようにしていくのです。

また，技術・家庭科の家庭分野における「C　消費生活・環境　(1)金銭の管理と購入」の中の「(ア)購入方法や支払い方法の特徴が分かり，計画的な金銭管理の必要性について理解すること」や「(イ)売買契約の仕組み，消費者被害の背景とその対応について理解し，物資・サービスの選択に必要な情報の収集・整理が適切にできること」も法教育と関わりの深い内容です。

ここでは，中学生の身近な消費行動と関連付けて，「契約が法律に則ったきまりであり，売買契約が成立するためには買主及び売主の合意が必要であること」や「既に成立している契約には法律上の責任が伴うため，消費者の一方的な都合で取り消すことができないこと」など，私法に関わる法的な見方・考え方の基礎を学んでいきます。

(3) 特別活動，特別の教科である道徳，総合的な学習の時間における法教育

特別活動，特別の教科である道徳，総合的な学習の時間も法や決まりの大切さ，正義，公平・公正などの価値を身に付けていく絶好の学びの場です。

特別活動では，実践的な集団活動を通して，集団（社会）の中で，自己（個性）を生かす資質や能力を養っていくことを究極のねらいとしています。多様な価値観，性格などをもつ生徒たちが，一緒に一つの目標を協同して追求する集団活動（社会的な関わり）を通して，自己の役割や責任を果たす態度，多様な他者と互いの個性を認め合って協力する態度，規律を守る態度，人権を尊重する態度など，社会性の基礎を育てていきます。

特別活動の中でも，法教育と密接な関連をもつ活動が，学級活動と生徒会活動です。両者は，生徒の自発的，自治的な活動を特質としているからです。

道徳では，学校の教育活動全体を通じて行う道徳教育の要として，道徳的諸価値についての理解を基に，道徳的な判断力，心情，実践意欲と態度を育てていきます。

道徳で扱う諸価値は，憲法に基づく「自由で公正な民主社会」の形成者に必要不可欠なものばかりですが，法教育と特に関連が深いのは，「自主，自立，自由と責任」「相互理解，寛容」「遵法精神，公徳心」「公正，公平，社会正義」「社会参画，公共の精神」などの価値です。

総合的な学習の時間については，法的な見方・考え方を養う上で効果的な課題を設けるなど，各学校の創意工夫で，法教育と様々な関連を図ることが期待できます。

(4) その他の教科と法教育

体育，国語なども法教育と関連をもつ教科です。

体育の勝敗を競う運動では，きまりや約束，ルールが絶対に必要です。ルールを破るとそのときは有利になるかもしれませんが，みんなが破ると競技は成立しません。その体験が法やきまりの意義を理解する素地となります。

国語における言語力の育成も法教育に直結します。法による支配の根底には，暴力を排除し，言葉で互いの意見を表明し，説得・納得し合うという前提があるからです。

言葉によって互いの見解を伝え合い，対立した考えに折り合いを付け合意へと導くのは言葉の力です。言語やそれを媒介としたコミュニケーション力を育てることを通して，自由で公正な社会の担い手としての素地を培っていく。それが法教育における国語科の重要な役割です。

4．実践上の課題と今後の展望

中学校における法教育が，各学校の教育目標を実現する上で極めて重要であることは，既に述べました。しかし，現実には，法教育を教育課程に位置付け積極的に実践している学校は決して多くはありません。法教育が現場で市民権を得て，活発に行われるようになるためには，打ち破らなければならない壁や解決しなければならない数多くの課題を抱えているのです。

最大の壁は，教員，とりわけ校長先生などの管理職や教育委員会の指導的立場にある方々に法教育の意義や重要性が認識されていないことであるとわたくしは考えています。

今，学校現場で心血を注いで取り組んでいる最重要課題は生徒の学力を向上させることです。学力向上を旗頭に挙げて，国語や英語，理数系教科にばかり目が奪われているといっても過言ではありません。でも，それで本当に大丈夫なのでしょうか。

生徒たちの未来を考えると，わたくしの答えは「否」です。それはなぜかといえば，義務教育の果たすべき役割・責任は個の確立と公の伸長を両輪とした人格形成にあるからです。この教育基本法が掲げる教育の目的は不易です。

現行の学習指導要領では，改正教育基本法が特に重視した「公共性の育成」を受け，関係の教科等において「よりよい社会の形成に参画する資質や能力の基礎を養う」ことを重視することなどの改善が加えられました。新しい学習指導要領においてもこの方針は堅持されています。豊かな創造性を備え持続可能な社会の創り手となることが期待される生徒に，確かな学力，健やかな体とともに豊かな心を育むことを総則で謳い上げ，その際の留意事項として「平和で民主的な国家及び社会の形成者として，公共の精神を尊び，社会及び国家の発展に努め，……中略……日本人の育成に資することとなるよう特に留意すること」（第1章第1の2の4段目道徳教育を推進するに当たっての留意事項）を明示しています。

このことからも分かるように，憲法に基づく民主社会の形成者に求められる資質・能力を育むことは新しい学習指導要領によるこれからの学校教育の柱であり，法教育を推進することがその具現化を図る有効な手立て・方策である。わたくしはそう確信しています。

そうした明るい展望の上に立ち，まずは読者の先生方が，本書で提案する教材を活用して，法教育の授業実践にチャレンジしてほしいと願っています。

この教材集の構成について

1. 法教育の目的 ～自分たちの課題を自分たちで解決する資質を育むこと～

　平成21年度から実施されている中学校社会科・公民的分野の現行学習指導要領は，法の学習に関して，「個人の尊厳と人権の尊重の意義，特に自由・権利と責任・義務の関係を広い視野から正しく認識させ」ることを目標として掲げていますが，扱う内容は，(1)私たちと現代社会，(2)私たちと経済，(3)私たちと政治，(4)私たちと国際社会の諸課題，の4項目となっていますから，この教材集が扱っている法的な原理や原則は，「民主的な社会生活を営むためには，法に基づく政治が大切であることを理解させ」るという形で，民主政治のありかたと関連させて扱うこととされています。反面，司法については裁判員制度の理解と司法参加意欲の育成が重視されており，その結果，中学校現場における「法教育」の実践が模擬裁判に集中する傾向が生じました。もちろん，模擬裁判は現行学習指導要領が重視している「言語活動の充実」や「体験活動の充実」にも資するものであり，この教材集にも含まれていますし，私たち日本弁護士連合会が毎年8月に実施している高校生模擬裁判選手権も言語活動の充実に資するものです。しかし，模擬裁判を通じて司法の意義や機能を理解するためには，まず「事実と推論の区別」という法的な考え方・議論のしかたを身に付ける必要がありますし，罪刑法定主義や無罪推定原則といった法的な原理・原則を（それらが重要な価値とされている理由を含めて）理解する必要があります。法教育とは，このように，法律専門家ではない一般の人々が，法や司法制度についての知識を身に付けるだけではなく，これらの基礎になっている価値（原理や原則）を理解したり，法的な「ものの考え方」を身に付けたりするための教育です。

　ところで，現行学習指導要領においては，法や司法制度の基礎になっている価値が体系的かつ網羅的に扱われているわけではありません。例えば，立憲主義という近代政治の基本価値は，現行学習指導要領では明示的には扱われていません。また，法的なものの考え方についても，現代社会の諸問題を考える際の基本的な視点として「対立と合意」や「効率と公正」という概念は示されていますが，このような視点を実際に社会的な課題や紛争の解決に用いる際の「法的な考え方」が具体的に示されているわけではありません。例えば，利益や負担の分配が公平かどうかという配分的正義の問題を考える際に用いる「各自の必要や能力や功績の違い」という考え方や，ものごとの決定手続が公正かどうかという手続的正義の問題を考える際に用いる「情報の集め方が公正か」という考え方は，学習指導要領にも教科書にも示されていません。しかし，いま改訂作業が進んでいる新しい学習指導要領では，課題を解決するための「見方・考え方」が重視されていますから，上に例示したような「法的な考え方」は授業実践において必要かつ有益なものになるでしょう。そこで，この教材集では，アメリカにおける法教育の教

材等をも参照しながら，法や司法制度の基礎になっている八つの法的な価値（契約自由の原則，その例外，過失責任の原則，権威，立憲主義，配分的正義，匡正的正義，手続的正義）について，原理や原則を説明するだけでなく，これらの原理や原則を社会的な課題や紛争の解決のために用いる際の考え方を具体的に示すことを心がけました。また，ルール作り，民事模擬調停，刑事模擬裁判という三つの教材では，それらの考え方を国会や裁判所で現に行われている営みに近い形で体験しながら（現行学習指導要領が掲げる「体験活動の充実」），実用的な使い方を身に付けることができるように努めました。

2. 本書の考え方

　法教育の先進国であるアメリカには法教育のカリキュラムを開発・提供している団体が数多くありますが，それらの団体は共通して，「民主的な社会を担い得る効果的で責任ある市民」あるいは「理想的な市民」の育成を法教育の目的として掲げています。また，「効果的で責任ある」「理想的な」市民は，政策決定への参加能力と理性的な紛争解決能力を身に付ける必要があることが強調されています。もちろん，政策決定への参加とは，単に選挙権を行使するということではなく政策の善し悪しを判断できるということですし，理性的な紛争解決とは，単に仲直りするということではなく正義にかなう公平・公正な解決ができるということですから，正義や公平や公正といった法的な価値を理解し，それらの価値に照らしてものごとを考えたり，意見の異なる他者と理性的に議論・交渉したりする技能が必要になります。この教材集は，このような知識・理解・技能の獲得を通じて政策決定や紛争解決手続への参加の資質を育むという考え方で作られています。

　以下，紛争の理性的な解決能力を育むための教材群と政策決定への参加能力を育むための教材群に分けて，本書の教材構成を説明します。

3. 紛争の理性的な解決能力を育むための教材

　第1単元から第4単元までは，法的な価値を踏まえて紛争を公正・公平に解決する資質・能力を育むための教材です。ここでは，歴史的にみて重要な法的価値が二つあります。その一つは個人の自律（自分自身のことや自分と他者の関係を自分で決められること）であり，もう一つは自他の尊重（自分についても他者についても生命・身体・人格などの重要な権利を相互に尊重し合うべきこと）です。

　個人の自律は，一方では「自分のことについて第三者から干渉されない」という自由を意味しますが，他方では自分の判断結果に対しては自分が責任を負うべきことを意味します。したがって，一方的に不利な立場を軽率に受け入れたり他者に押しつけたりせずに，コミュニケーションを通じて双方が納得できる合意を形成していくことが重要であり，そのために必要な知識と技能を第1単元で扱います。また，このことの裏返しとして，自由な意思決定をする前提

が欠けているとき（重要な前提情報が隠されているときなど）には，自分の意思決定の結果に拘束される理由がないことになります。第2単元では，このような個人の自律原則に対する例外を扱います。

　もう一つの重要な法的価値である「自他の尊重」については，他者の生命・身体・人格・財産などを傷つけてしまった場合の責任が問題になりますが，事情を問わずに責任を負わせられるということでは自由な行動（個人の自律）が萎縮してしまいますから，自分の行動を決めるときの他者への配慮が不十分であったときだけ責任を問われるという考え方が採られており（過失責任の原則），第3単元では，この原則を扱います。

　最後に第4単元では，第1単元から第3単元までで学んだ知識を活用して民事的な紛争を実際に解決するトレーニングを行います。ここでは紛争を解決すること自体が重要なのではなく，紛争当事者と調停者がコミュニケーションを通じて情報を共有していく過程が重要です。紛争の解決は，紛争当事者が抱いている感情も含めて紛争当事者間で情報が共有されたことの結果にすぎず，逆にいえば，きちんと情報が共有されたなら調停成立に至らなくても「理性的な紛争解決」の資質・能力は身についたことになります。

4. 政策決定への参加能力を育むための教材

　第5単元から第11単元までは，法的な価値を踏まえて政策決定に参加できる資質・能力を育むための教材です。ここでも，歴史的にみて重要な法的価値が二つあります。それは民主主義と立憲主義です。民主主義とは，「個人の自律」の原則を「あなたと私」の人間関係から「私たちみんな」の人間関係へと広げたもの，つまり「私たちみんなに関係することは私たちみんなで決める」という考え方です。とはいっても，多数の集団では全員が集まって細かなものごとをいちいち決めていくわけにもいきませんから，私たちみんなに関係することを決める人（代表者）をみんなで選んで，代表者がみんなのために・みんなに関係することを決めていくことになります（間接民主政）。このような代表者の地位を権威といいますが，権威の地位にある代表者の判断は「きまり・ルール」としてみんなを拘束しますから，「理想的な市民」には，優れた判断能力をもち・その能力をみんなのために使おうとする適切な代表者を選んで権威を活用する能力と，代表者が権威の地位を濫用しないように監視する能力が求められます。そこで，第5単元では，権威の活用と権威の濫用の監視を扱います。

　ところで，権威という価値に限らず，あらゆる法的な価値について利点だけでなく欠点や危険性も検討すること（費用便益分析を行うこと）はアメリカの法教育において重要な教育手法になっています。これは，法的な価値を個人の道徳として内面化することを求めないということでもあります。法律やルールについても同じことで，法律やルールに従うことを個人の道徳として内面化すること（遵法意識を身に付けること）は法教育の目的ではありません。法律やルールを作ることには利点だけでなく欠点もあります。利点は紛争を解決する際に「何が正義に適う解決か」をいちいち考えずに法律やルールに照らせばよいということであり，欠点はそ

13

の裏返し（紛争を解決する際に法律やルールを形式的に適用することにより起こり得る不正義の危険）です。ルールや法律が民主的政治という観点から見て「よい」か「あまりよくない」かという評価は，これらの利点と欠点の調整点として妥当かどうかという判断です。もちろん，「理想的な市民」には「あまりよくないルール」を「よりよいルール」へと作り変える能力が求められますから，第6単元では，ルールを評価する際の考え方を扱った上で，民主的な社会における主権者としてルールを作る（または作り変える）トレーニングを行います。

　ここまでの単元で民主主義の基礎を扱った上で，第7単元では立憲主義の基礎を扱います。立憲主義とは，私たちみんなが権威の地位にある者（私たちの代表者）に対して自他の尊重の原理を押しつける考え方であり，押しつける手段として私たちみんなが決めておく「きまり・ルール」が憲法です。そのため，近代社会における憲法を守る義務を負うのは国民ではなく公務員ですし，憲法の内容は，私たちみんなが等しく尊重されることを保障するものでなければなりません。この「みんなが等しく尊重されること」が正義や公平・公正といった法的な価値です。

　正義や公平・公正といった法的な価値は，次のような三つの場面で使われることになるとされています。一つは，私たちみんなが公平に利益や負担を分かち合おうとする場面であり，この場面で使われる正義を「配分的正義」といいます（「公平」とか「結果の公正」ということもあります）。第8単元では，この配分的正義を扱います。次に，他人を尊重せず傷つけた者に対して「私たちみんな」が何らかの罰（ペナルティ）を与えることにより全員が等しく尊重されることを目指す場面では，「匡正的正義」という価値が使われます。第9単元では，この匡正的正義を扱います。最後に，「私たちみんな」にとって何がよいのかを十分な情報に基づいて理性的かつ慎重に判断しようとする場面では，「手続的正義」という価値が使われます（「手続の公正」ということもあります）。第10単元では，この手続的正義を扱います。そして，第11単元では，これらの知識や理解を実際に活用するトレーニングとして刑事模擬裁判を扱います。刑事模擬裁判を「理性的な紛争解決能力」の育成でなく「政策決定への参加能力」の育成に含めているのは，誰かを犯罪者として処罰すべきかどうかは「私たちみんな」の問題だからです。歴史的にも，古代ギリシャ・ローマにおいては，刑事裁判は議会の最も重要な職責でしたし，刑事裁判における議論のしかた（ひいては民事裁判も含めて裁判における議論のしかた）は，議会における討論のしかたに起源を有しています。すなわち，まず「事実が何か」を客観的資料（裁判においては証拠）に基づいて明らかにした上で，その事実に基づいて論理的に主張し・反論するということです。このような議論のしかたをトゥールミン・モデルといいますが，刑事模擬裁判の目的は，有罪・無罪を判断することではなくて，トゥールミン・モデルを用いた議論のスキルを身に付けることにあります。もちろん，このスキルは，政策的課題について討論する際にも使えるスキルであり，主権者教育にも役立つものです。

中学校のための

法教育教材

No. 1　◎社会／○家庭，総合的な学習の時間／道徳，特別活動

契約をする・契約を守る

―契約のしくみと重要性を具体例から学ぶ―

1. 授業の目標

1. 契約自由の原則を理解した上で，普段の何気ない社会生活でも契約を行っていることに気付く。
2. 契約交渉ゲームを通じて，相手方の立場や考えに立った上で当事者双方が納得できる内容で契約成立（合意形成）を行うための交渉方法を学ぶ。
3. 契約交渉での学びを通じて，普段の社会生活においても相手の立場に立って物事を考えることができるようになる。

2. 授業の構成

■第1時
身近な事例から社会生活が契約に支えられていることや，私的自治の原則を習得する。

■第2時
契約締結交渉を通じて交渉の重要性と私的自治の原則を体験的に習得する。

3. 授業の解説

(1) 社会生活は契約により支えられていること

「契約」には，大人や専門家のみが行う社会活動のイメージがあるかもしれませんが，子どもたちの何気ない社会活動の多くも「契約」です。例えば，コンビニエンスストアで食べ物を購入することは売買契約，電車やバスに乗ることは運送契約に基づいており，子どもたちの社会生活も「契約」に囲まれているのです。

(2) 契約がなぜ必要なのか

それでは，なぜみなさんは契約をするのでしょうか。これを考えるにあたり，契約をしないで生きることを考えると分かりやすいかもしれません。契約をしないで生きるということは，食べるものや衣服，家などを全て自分一人でまかなわないといけないことになります。しかし，

そのようなことができる人間はほとんどいないでしょうし，また，自分の生活も極めて限定されたものになるでしょう。

契約をするということは，生活ができるようにするため，そして生活をより豊かにするために，必要不可欠なものといえるでしょう。

⑶ 契約の自由とは

このように，私たちの生活に欠かせない契約には，一つの大きな考え方があるとされています。それは，「契約自由の原則」と言われているもので，契約を結ぶかどうか，誰とどのような内容や形式で結ぶかは，契約当事者同士の意思に基づいて自由に決定することができることをいいます。

では，なぜ契約自由の原則があるのでしょうか。これも，仮にこの原則がなかったらどうなるかという視点から考えてみましょう。例えば，おにぎりを買いたいのにパンの購入を強制されたり，近所の店から購入したいのに国家によって買える店を指定されたり，国家から通常より高額での取引を強制されたりすることが許されるとなると，自分が生活をするために必要なおにぎりを購入したいと思っている人が購入できなくなってしまうことになります。もし，購入できたとしても，自分の好きな店で買うことが許されず，自分の好みに合わない店の商品しか買えないことになってしまいます。

このようなことが認められてしまうと，契約そのものの目的である，「生活をすること」，「契約をより豊かにすること」ができなくなってしまい，本末転倒となってしまいます。

従って，契約そのものの目的から，契約自由の原則が導きだされるのです。

⑷ 契約自由とは互いにとって自由であるということ

契約は，「互いの合意」に基づき成立するものです。つまり，契約自由の原則である以上，互いにとって自由であることが不可欠であり，一方にとって満足がいくものであっても，他方が契約の相手や契約内容，契約形式などに納得いかない場合には合意には至りません。従って，おにぎりの売買契約を例にすると，おにぎりを購入するかどうか，契約の相手（コンビニエンスストア，スーパーマーケット，おにぎり専門店など），契約の内容（おにぎりの味，金額，個数，引渡の時期など），契約方法（契約書を作成するかどうかなど）などは，互いが合意しないと売買契約は成立せず，これらの事項について合意できて初めて契約が成立することとなるのです。

⑸ 契約はどのように成立するのか

それでは，みなさんが契約をしようとする場合，最初から相手と全て合意できていることばかりでしょうか。おそらくそのようなことばかりではないと思います。確かに，コンビニエンスストアでおにぎりを買う場面を想定すると，おにぎりの金額や味などが既に決まっていて，私たちは購入するかどうかを選択することが多いかもしれません。しかし，家電製品を購入す

17

る場面を考えると，ある電器店で家電を購入しようとしたものの，さらに安い金額で売っている店を見つけた場合には値下げを求めることもあるでしょうし，売主である電器店もこれに応じることもあるでしょう。また，家を建てる場合には，間取りや壁の素材，風呂の大きさなど様々な点について互いが話し合いをした上で，契約内容を決めていくことが通常です。

　このように，契約をするという場面では，当事者同士の合意ができなければすぐに契約不成立となるのではなく，互いが契約できるかどうかについて話し合いをし，調整した上で最終的に契約できるかを判断することとなります。つまり，本来，契約をする場合には，互いの条件が合致するように「交渉する」という過程が存在するのであって，これを経て契約することで互いが満足する結果となるのです。

(6) 契約を守らなければならないこと

　交渉を通じて契約に至った場合，契約当事者には「契約を守らなければならない」という結果が生じることとなります。では，なぜ契約を守らなければならないのでしょうか。

　まず，契約をするかしないか，また，契約をするとしてもどのような内容の契約にするのかということは，他人から強制されて決めたものではなく，自分が自由に考えて決めたことだからです。このことを，法律用語では，「私的自治」と表現しています。自分が契約を「自由な意思で決めた」からこそ，契約は拘束力をもつのです。

　また，契約が守られない場合は，契約の相手に迷惑がかかります。仮に，契約は守られなくてもよいという社会であれば，契約はいつ破られるか分からず，互いに信頼して契約をしたり，契約の内容を前提として生活をすることができなくなります。このような社会では，契約の意味や価値は下がってしまい，前述した契約制度が成り立ちませんから，私たちは安心して豊かな生活を享受することが難しくなってしまいます。このような，「相手方の信頼の保護」の意味からも，契約の拘束力はあるのです。

　実際の社会では，法的拘束力は，契約が守られなかった場合に何らかの制裁（ペナルティ）が課されたり，裁判などを通じて契約を強制的に履行したり契約違反によって相手が受けた損害を賠償しなければならないという形で，現れています。

(7) 契約成立過程で行う「交渉」とは

　ここまで，契約の意義，契約成立過程での交渉，契約を守らなければならないことを確認してきましたが，それでは，契約をするまでの「交渉」は具体的にどのように行われるのかを考えてみましょう。

　契約交渉では，当事者間での「契約成立」を目的としたものであるため，必然的に相手方が存在し，しかも相手方が納得できる内容でなければ契約成立に至ることはできません。したがって，契約交渉においては，自分の立場に基づいて契約を締結する必要性を相手に伝えるだけでなく，交渉相手がどのように考え，なぜ自分と交渉しているのかに関する動機や考えを知ること，相手の立場に立って物事を考えることがとても重要なのです。

すなわち，契約交渉では，相手の意見を論破したり自分の考えが論理的に優れていることを示したりすることが重要なのではなく，交渉の目的である契約（合意）のために，自分と相手の双方に利益がもたらされるような内容にするためにはどうすればよいかを考え，自らの考えを相手に伝えた上で，互いが納得することこそが重要なことなのです。

　そのため，第2限の契約交渉ゲームでは，当事者の主張する売買金額の中間値を採用して形式的に納得したような体裁を取るのではなく，生徒自身が当事者の立場に立って，目的物であるゲームソフトを売買する必要性やその程度に関する当事者双方の考えを具体的に考え，当事者にとってゲームソフトにいくらの価値があるのかを検討した上で交渉することがポイントになります。

　具体的には，生徒からは，Aさんのイベント1でDVDの返却期限が月末となった場合に，交渉相手のBさんは「今すぐDVDが手に入らないのであれば代金を減額してほしい」との意見が出されるかもしれません。また，バスケット片道分の価格評価についても交渉の対象となることもあるでしょう。私的自治の原則のもとでは，交渉内容は基本的に自由であるため，指導の際には，生徒の交渉を尊重することが重要といえます。

⑻ 生徒のみなさんに学んでほしいこと

　自分の意思に基づいて決めることができる事柄は普段の生活の中でも多いと思いますが，他方で他の人との合意に基づいて決めないといけないことも多くあると思います。学校生活や家庭生活を思い浮かべてもいくつも出てくるのではないでしょうか。その他の社会生活でも合意に基づいて決めないといけないことは多くあります。そのような場面で，自分の意見を押し通すために大きな声で相手を威圧したりすることはもちろん，自分の主張ばかりを通そうとしたりすると，結局は合意できないままになってしまったり，相手に自分の考えを押し付けてしまったりする結果となってしまいます。そのようになってしまうと，合意できないことによる不利益や，別の場面で他人の考えを押し付けられてしまう不利益を受けることになり，最終的に自分にとってよい結果にはなりません。

　したがって，契約自由の原則は，自分だけでなく相手にとっても自由であることが必要なのであって，相手のことを考え，相手の立場に立つことによって，初めて自分にとって利益をもたらす契約（合意）に至ることができるということを学んでほしいと思います。

第1時

契約ってなに？

1. 本時の目標

1. レストランで食事をする場面から契約の存在に気付き，契約が自分の意思に基づいて行った合意であることを確認する。

2. 契約の具体的な内容や拘束力について知るとともに，社会生活における契約の機能について考えることができる。

段階	学習活動	指導上の留意点
導入 【5分】	（契約の具体例の紹介） ○「契約」にはどのようなものがあるかを挙げる。 ○レストランで食事することも契約であることに気付く。	★「契約」という言葉を確認し，具体的なものを列挙させる（例えば，コンビニでの買い物，宅配ピザの注文，レストランでの食事など。）。 ★契約が身近な行為であることに気付かせる。
展開（1） 【10分】	○ワークシート①を配布し，事例1を確認しながら，ファミリーレストランで，料理を注文する場合の契約を考える。 ○ハンバーガーセットの売買契約の成立時期を考える。 ○契約が成立した場合の効果について考える。	★ワークシートの事例1を説明する。 ★Aさんと店員との会話を通じて，売買契約に至るまでの経緯を分析的に捉えさせる。 ★ハンバーガーセットの売買契約は，買主Aさんが売主である店の店員に，申込みの意思表示をし，店員が承諾の意思表示をしたときに成立することを確認する。そして，丸括弧の下線部に，「申込み」と「承諾」と記入させる。 ★店は，ハンバーガーセットを提供し，Aさんは，代金を支払う義務を負うことを確認する。
展開（2） 【10分】	○事例2を読み，質問1を投げかける。 ○質問2を投げかける。 ○なぜ，Aさんはグラタンセットの代金を支払わなければならないかを問いかける。	★Aさんは最終的にグラタンセットを注文し，店はこれを承諾し，Aさんは実際提供されたグラタンセットを食べたことから，代金を支払わなければならないことを確認する。 ★Aさんの取り得る行動は，①他のメニューを頼む，②注文せず帰る，③別の店で食べるなどが考えられる。入店のみでは契約は成立しないことにも触れられるとよい。 ★Aさんは，注文するかどうか，何を注文するかを十分に考えて結んだ契約であるから，勝手に契約を解消できない。丸括弧の下線部には，順に「契約自由」の原則，「拘束力」と記入させる。契約は，拘束力が生じる点で，単なる約束とは異なることにも触れるとよい。
展開（3）	○ワークシート②を配布し，	★矢印は，ロイヤルガストと各当事者間に契約があることを

20

【10分】	図の説明をする。 ○矢印が示す契約内容を考える。 ○問題2を読み，ハンバーガーセットを提供できるかを質問する。 ○質問1について回答する。	意味していることを確認する。 ★契約内容は，厳密である必要はない。 ★矢印一つでも欠ければ提供できなくなることに気付かせる。さらに，日常生活は契約であふれていることやその機能に気付かせる。 ★回答例は，①Dが働くことに対して店が給料を支払うという契約，②電気・ガス・水道業者がこれらを供給し，店が代金を支払うという契約，③米・野菜・肉業者が材料を納入し，店がその代金を支払うという契約，となる。
展開（4） 【15分】	【ワークシート③〜⑥配布】 ○A，Bの各グループ（1グループ数名が望ましい）に，それぞれのワークシートを渡す。 ○1回目の交渉を行い，その結果をそれぞれのワークシートに結論と理由を記載する。	★バス代がほしいAさんとゲームをしたいBさんが，目的実現のために交渉するゲームであることを説明する。 ★1回目の交渉では，互いの目的を達成できず交渉不成立となることを確認する。 ★クラスをA，Bの立場に分けて，全体に交渉成立の可否を問い，不成立を確認した上で，契約成立に必要なことを考えさせた上でイベント1，2に入る。

21

2. 第1時・ワークシート①

レストランロイヤルガストで，食べ物を注文する場合を考えてみよう

【事例1】

「ハンバーガーセットが食べたい」　　　　「ハンバーガーセットを売りたい」

（Ａさん）　←――――――――――→　（ロイヤルガスト）

Ａさん：「ハンバーガーセットを（売って）ください。」

店　員：「分かりました（ハンバーガーセットを○○円で売ります）。」

〈ハンバーガーセット調理中〉

店　員：「こちらがハンバーガーセットです。○○円です。」

Ａさん：「ありがとうございます。はい，○○円です（店員に渡す）。」

　契約は，買主であるＡさんの「ハンバーガーセットを，○○円で売ってください。」（＿＿＿＿＿＿＿）と，売主であるロイヤルガスト店員の「ハンバーガーセットを○○円で売ります。」（＿＿＿＿＿＿＿）の合致で成立する。

【事例2】

　Ｂさんは，ロイヤルガストに行き，大好きな「ハンバーガーセット（850円）」を注文しましたが，売り切れでした。そこで，仕方なく「グラタンセット（950円）」を注文しましたが，あまりおいしくありませんでした。そこで，Ｂさんは，代金950円を支払いたくないと思いました。

質問1　Ｂさんは，代金950円を支払わなければならないのでしょうか（いずれかに○）。

　　　　　　　　支払わなければならない　　　　　　　支払わなくてよい

質問2　Ｂさんは，グラタンセットを注文する代わりに，どうような行動ができたでしょうか。

　契約は，個人の自由な意思で商品や価格の選択を行い，対等な立場で売り買いを行うこと（これを＿＿＿＿＿＿＿の原則という）を約束した以上，それを守るべき責任がある。このことを，契約の＿＿＿＿力という。

3. 第1時・ワークシート②

ロイヤルガストに関わる人たちについて考えてみよう

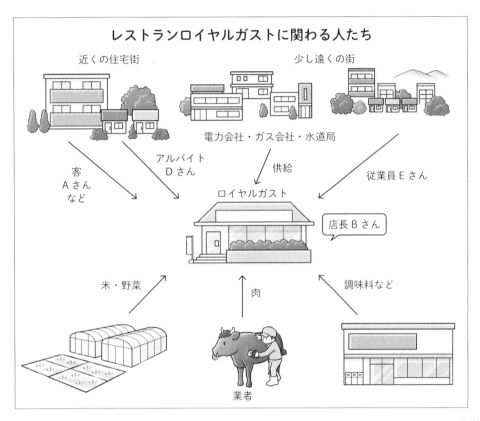

質問1 上記図は、ロイヤルガストに関わる人たちをまとめたものです。それぞれの矢印は契約(けいやく)を表しています。それぞれどのような内容の契約であるかを例にならって考えてみよう。
（例）客、Aさんの矢印は、お店が商品を売って、お客がその代金を払(はら)うという契約。

★アルバイトDさんの矢印＿＿＿＿＿＿＿＿＿＿＿＿＿＿＿＿＿＿＿＿＿＿＿＿＿＿＿＿
★電力会社・ガス会社・水道局の矢印＿＿＿＿＿＿＿＿＿＿＿＿＿＿＿＿＿＿＿＿＿＿
★米・野菜・肉業者の矢印＿＿＿＿＿＿＿＿＿＿＿＿＿＿＿＿＿＿＿＿＿＿＿＿＿＿＿

質問2 上記図において、矢印のどれか一つでも欠けた場合に、ロイヤルガストはハンバーガーセットをお客さんに提供できるのでしょうか。

4. 第1時・ワークシート③

Aさん用ワークシート

（お互いの希望を確認しよう）

大好きなバンドのライブに行くための
バス代（片道6,000円×2枚＝12,000
円）がほしい。

AさんのもっているDVD（全6巻定
価10,000円）が今すぐほしい。

| Aさん | ← | Bさん |

Aさん所持金：4,000円

アイテムカード：DVD全6巻（定価10,000円）

Cさんに4〜6巻を貸出中

★もっているカードを確認しよう。

↓

1回目の交渉をしよう！

Bさんとの交渉結果：　成立　・　不成立

なぜ成立（不成立）となったのか？　理由を書いてみよう。

↓

イベント1・2をクリアして交渉カードを増やそう！

↓

イベント1　CさんからDVD4〜6巻を返してもらおう！　君ならどうやってCさんと
交渉する？？

①　□Cさんのところに行って，「すぐ返してくれ」と言う。

②　□Cさんのところに行って，「チケットを買うのに必要なんだ。売りたいから，今
すぐ返してくれないか」と言う。

③　□Cさんのところに行って，「月末までに必要になったから，返してほしい」と言
う。

　　　　　　□にチェックを付けたら，アイテムカードをもらおう！！

　　　　　　ゲットしたカードは……

5. 第1時・ワークシート④

Ａさん用ワークシート

イベント２　お母さんからお小遣いをもらおう！　君はどうやってお母さんと交渉する？？

① □お母さんに、「お金が足りないからちょうだい」と言う。
② □お母さんの代わりに家事をすべてこなして、お母さんを休ませてあげる。
③ □お母さんの代わりに、夕食をつくる。

　　　　　□にチェックを付けたら、アイテムカードをもらおう！！

ゲットしたカードは……

↓

今自分がもっているカードを確認しよう！

↓

カードを使って、２回目の交渉をしよう！

Ｂさんとの交渉結果：　成立　・　不成立

Ａさん ⟵⟶ Ｂさん

＿＿＿＿＿＿＿＿を＿＿＿＿＿＿円で売買してください。

＿＿＿＿＿＿＿＿を＿＿＿＿＿＿と交換してください。

なぜ成立（不成立）となったのか理由を考えてみよう：

↓

時間があれば契約書を作ってみよう。

6. 第1時・ワークシート⑤

Bさん用ワークシート

（お互いの希望を確認しよう）

> 大好きなバンドのライブに行くための
> バス代（片道6,000円×2枚＝12,000
> 円）がほしい。

> AさんのもっているDVD（全6巻定
> 価10,000円）が今すぐほしい。

Aさん ←──────→ Bさん

自分の希望：AさんのもっているDVDを今すぐほしい。

所持金：4,000円

アイテムカード：テーマパーク1日入場券（定価8,000円）

★もっているカードを確認しよう。

↓

1回目の交渉をしよう！

提示金額：1,000円 ・ 2,000円 ・ 3,000円 ・ 4,000円

Aさんとの交渉結果： 成立 ・ 不成立

なぜ成立（不成立）となったのか？ 理由を書いてみよう。

↓

イベント1・2をクリアして交渉カードを増やそう！

↓

イベント1 1日入場券を金券ショップで売ろう。君はどれを選ぶ？？

① □「1日入場券販売価格4,000円」の金券ショップで，4,000円で買い取るように
交渉する。

② □「1日入場券を2,000円で買い取ります」という金券ショップで売る。

③ □「テーマパークに行きたい」という友人に，定価の6,000円で買い取るように交
渉する。

　　　　　　　□にチェックを付けたら，アイテムカードをもらおう！！

　　　　　　　ゲットしたカードは……

7. 第1時・ワークシート⑥

Bさん用ワークシート

イベント2　お父さんからライブ会場までのバスチケット（片道分）をもらおう。君はどれを選ぶ？？

① □「バスチケットをもっているでしょう。1枚ちょうだい」と言う。

② □「1時間マッサージするからバスチケットを1枚ちょうだい」と言う。

③ □「家族みんなで楽しめるゲームを友人から買いたいから，バスチケット1枚ちょうだい」と言う。

□にチェックを付けたら，アイテムカードをもらおう！！

ゲットしたカードは……

↓

今自分がもっているカードを確認しよう！

↓

カードを使って，2回目の交渉をしよう！

Aさんとの交渉結果：

成立　・　不成立

なぜ成立（不成立）となったのか理由を考えてみよう：

↓

時間があれば契約書を作ってみよう。

第**2**時

カードゲームで契約交渉をしよう

1. 本時の目標

1. カードゲームを通じて，契約目的実現に向けられた合意形成過程を体験する。

2. 合意形成のためには，相手の立場も考えて交渉する必要があることに気付く。

3. ゲームの過程や結果が，実社会の合意形成過程やその結果と同じものであることに気付く。

段階	学習活動	指導上の留意点
展開（1） 【10分】	○第1時ワークシート③⑤の イベント1を行う。 ○A，Bが，どれを選択する か班内で考える。 ○A，Bの各班がイベント1 を行う（□にチェックする）。	★どの選択をしたか，その理由を解答させる。 ★イベント1の①〜③の番号に対応するワークシート①のカ ードを生徒に渡す。受け取ったカードは後で使うことがで きることを説明する。 ★Aさんのイベント1で渡すカード

<table>
<tr><td></td><td>カード</td><td>理由</td></tr>
<tr><td>①</td><td>カードなし</td><td>説明不十分</td></tr>
<tr><td>②</td><td>DVD4〜6巻</td><td>十分な説明</td></tr>
<tr><td>③</td><td>DVD4〜6巻
（月末返還条件付）</td><td>月末返還条件を自ら認めたこ
との結果</td></tr>
</table>

★Bさんのイベント1で渡すカード

<table>
<tr><td></td><td>カード</td><td>理由</td></tr>
<tr><td>①</td><td>3,000円</td><td>売値より減額の上で買取して
もらえた</td></tr>
<tr><td>②</td><td>2,000円</td><td>説明通りの買取</td></tr>
<tr><td>③</td><td>もらえず</td><td>個人ゆえ買取余力なく売買成
立せず</td></tr>
</table>

段階	学習活動	指導上の留意点
展開（2） 【10分】	○第1時ワークシート④⑥の イベント2を行う。 ○A，Bが，どれを選択する か班内で考える。 ○A，Bの各班がイベント2	★イベント2の②，③の番号に対応するワークシート①のカ

	を行う（□にチェックする）。	ードを生徒に渡す。受け取ったカードは後で使うことができることを説明する。
		★Aさんのイベント2は，①は理由なくお金をもらおうとしたため母を説得できずカードを得られない。②は家事をした対価として2,000円をもらえる，③は家事全てをこなすより少ない貢献のため1,000円をもらえる設定となっている。
		★Bさんのイベント2は，①は理由なくチケットをもらおうとしたため父を説得できずカードは得られない。②はマッサージの対価として，また③は交渉相手となる父の利益となる提案をしたため，それぞれ片道バスチケットを得られる設定となっている。
展開（3） 【20分】	○2回目の交渉を行う。 ○A，B各々がもらったカードを使って相手と交渉する。 ○時間に余裕がある班は，ワークシート②の契約書を作成する。	★交渉に先立って，受け取ったカードは複数枚使えることを指摘する。
まとめ 【10分】	○各班が結果発表する。 ○結論のほか，各カードを使用した（またはしなかった）理由，契約が成立（不成立）となった理由を発表する。	★時間があれば，イベント時のチェック項目の理由も明らかにさせる。 ★ゲームが実際の契約交渉過程と同じく，どうしたら互いが満足いく結果となるかを考えながら行うものであることを指摘する。 ★契約成立の有無は，自分だけではなく，相手方や当事者を取り巻く諸事情に左右されることを指摘する。 ★私的自治の原則や契約締結の際に心がけるポイントが，契約締結の交渉過程で，どのように活かされたかを確認する。

2. 第2時・ワークシート①

1000円カード

※全部で13枚必要です。

バスチケット片道分
（6000円相当）カード

テーマパーク
入場券カード

DVD1〜3巻
カード

DVD4〜6巻
カード

月末返却予定の
DVD4〜6巻カード

3. 第2時・ワークシート②

参考（売買契約か交換契約か☑して完成させましょう。他に契約をした事柄があれば，第3条以下に書きましょう。）

契　約　書

A（以下「甲」という。）とB（以下「乙」という。）は，次の通り（□売買・□交換）契約を締結する。

□（売買契約の場合）

第1条（目的物及び代金）

　　　甲は，乙に対し，甲所有の本「　　　」を＿＿＿＿＿円で売り渡すことを約し，乙は，これを買い受ける。

第2条（期日）

　　　甲は，乙に対し，前条の本を＿＿月＿＿日までに引き渡し，乙は，甲に対し，前条の代金を＿＿月＿＿日までに支払う。

□（交換契約の場合）

第1条（目的物等）

　　　甲は，乙に対し，甲所有の本「　　　」を引き渡し，乙は，甲に対し，「　　　」を引き渡すとともに，＿＿＿＿＿円を支払う。

第2条（期日）

　　　甲は，乙に対し，前条の本を＿＿月＿＿日までに引き渡し，乙は，甲に対し，＿＿月＿＿日までに，「　　　」の引き渡し及び前条の代金の支払いを行う。

第3条（　　　　　　　）

　　本契約の成立を証するため，本書2通を作成し，各自署名押印の上，甲乙各1通を所持する。

　　平成　　年　　月　　日

　　　甲　　　　　　　　　　　　　　　　　　印

　　　乙　　　　　　　　　　　　　　　　　　印

No.2　◎社会／○家庭，総合的な学習の時間／道徳，特別活動

契約は，いつでも 守らなければならないの？
―契約の拘束力とその例外―

1. 授業の目標

1. 契約の成立過程を確認した上で，契約は，本人同士が自由に考えて決めたものであり，また，守らなければ住みにくい社会となることから，守らなければならないのが原則であることを理解する。

2. 契約を守らなければならない（守らせるべき）のは「自由な意思」が前提であること，また，「立場的な不均衡」がある場合には特別なルールが必要になることという二つの視点から，どのような場合に契約を守らなくてよいか（守らせるべきではないか），特別なルールが必要かを，判断できるようになる。

3. それを守らせることに疑義があるような契約について，成立過程のどこに問題があり，どのように解決すべきであるかを自覚的に考え提案する姿勢を身に付ける。

2. 授業の構成

■ 第1時

お金の貸し借りの場面を通じて，守るべき契約と守らなくてよい（守らせるべきではない）契約の判断基準を学ぶ。

■ 第2時

架空の王国での訪問販売の例を通じて，当事者間に立場的な不均衡がある場合には特別なルールが必要となることを学ぶ。

3. 授業の解説

(1) 契約の拘束力（なぜ契約は守らなければならないのか）

　No.1の教材で学んだように，契約によって私たちの生活は豊かになりますが，契約をした人は，契約で約束した内容通りに，相手に対し権利を得るだけではなく，相手に対し義務も負います。

　例えば，「コンビニで菓子パンを買う」という契約でいえば，お客さんは，コンビニから菓

子パンを受け取ることができるという権利を得ます。しかし同時に，コンビニに代金を支払わなければならないという義務も負います。このことをコンビニの立場でいうと，コンビニは，お客さんから代金を受け取ることができるという権利を得ますが，同時に，菓子パンをお客さんに引き渡さなければならないという義務を負うことになります。

　このように，契約をした相手に対して義務を負うこと，すなわち，契約は守らなければならないということを，法律では「契約の拘束力」といいます。

　本授業第1時の設問1，2では，この「契約の拘束力」について確認します。

　なぜ，契約は拘束力をもつのでしょうか。

　まず，契約をするかしないか，また，契約をするとしてもどのような内容の契約にするのかということは，他人から強制されて決めたものではなく，自分が自由に考えて決めたことだからです。このことを，法律用語では，「私的自治」と表現しています。自分が契約を「自由な意思で決めた」からこそ，契約は拘束力をもつのです。

　また，契約が守られない場合は，契約の相手に迷惑がかかります。仮に，契約は守られなくてもよいという社会であれば，契約はいつ破られるか分からず，互いに信頼して契約をしたり，契約の内容を前提として生活をすることができなくなります。このような社会では，契約の意味や価値は下がってしまい，前述した契約制度が成り立ちませんから，私たちは安心して豊かな生活を享受することが難しくなってしまいます。このような，「相手方の信頼の保護」の意味からも，契約の拘束力はあるのです。

　実際の社会では，法的拘束力は，契約が守られなかった場合に何らかの制裁（ペナルティ）が課されたり，裁判などを通じて契約を強制的に履行したり，契約違反によって相手が受けた損害を賠償しなければならないという形で現れています。

⑵ 契約は変更できる

　一度互いに決めた契約であっても，その当事者が改めて決めれば，変更することは可能です。

　例えば，先ほどの「コンビニで菓子パンを買う」という例でいうと，お客さんが「100円のメロンパンを1個ください」と言い，コンビニがそれを了解すれば，「100円のメロンパンを1個買う」契約が成立しますが，その後，お客さんが「やっぱり60円のアンパンを2個ください」と言い，コンビニがそれを了解すれば，先ほどの契約は「60円のアンパンを2個買う」契約に変更されます。このような場合は，互いの間で先の契約をなくして，後の契約を新たに結ぶことを決めたことになるからです。

　本授業第1時の設問3の前半では，このことについて学びます。

⑶ 契約の拘束力の例外

　いったん結んだ契約（変更された場合も含まれます）は，どのような場合でも常に守らなければならないのでしょうか。

　前述した通り，契約が拘束力をもつ理由は，「自由な意思で契約を決めた」ことにあります。

33

では，例えば，脅されて仕方なく契約した場合や，相手の嘘を信じて契約したような場合には，その人は「自由な意思で契約を決めた」とはいえませんから，契約を守らなければならないという契約の拘束力を働かせることは妥当ではありません。このような場合は，契約の拘束力の例外を認めて，契約を守らなくてもよい（守らせるべきではない）とすべきです。

　日本の民法は，脅されて契約をした場合を「強迫」，嘘をつかれて契約をした場合を「詐欺」として，その契約を取り消すことができるとしています（民法96条）。

　本授業第1時の設問3の後半では，このような「契約の拘束力」の例外について学びます。

　なお，例えばお金を払って殺人を依頼する，盗難品を山分けすることを約束するなど，契約の内容が社会的に容認されないような場合について，民法では，「公序良俗違反」（90条）として，契約が無効になる（そもそも効力をもたない）と定めています。

⑷ 契約当事者の立場が不均衡な場合の特別なルール

　契約当事者の間に「立場的な不均衡」がある場合には，構造的に，一方の当事者が不利になる傾向が強く，「公正」な契約とはいえないために，特別なルールを設定すべき場合もあります。

　本授業第2時では，架空の王国での訪問販売の事例を通じて，この点について考えてみます。

　例えば，健康食品を販売する会社（法律にならって以下「事業者」といいます）が，専門的知識をもたない個人のお客さん（同じく以下「消費者」といいます）に対して商品を販売する際に，実際はそのような効能はないのに「これを食べれば1ヶ月で病気が治りますよ」と告げて，その効果を期待した消費者が商品を購入したという場合について考えてみます。事業者は嘘をついていますので，前述した民法上の詐欺（96条）に該当しそうですが，相手が嘘をついたことだけではなく，その嘘を自分が信じたこと，また，信じたために契約をしたことについても消費者側が証明できなければ，詐欺による取り消しはできないことになっており，消費者側の負担が大きいのです。しかし，商品に関する情報の量・質も，また広告などによる交渉力も，事業者ははるかに消費者を上回っています。それにもかかわらず，消費者の方で相当のコストをかけなければ（しかもそれが裁判所などの公的機関によって認められなければ）契約を取り消すことができないのでは，消費者にとって酷といえます。

⑸ 日本の法制度

　このような消費者と事業者との間の立場的な不均衡（情報の量・質及び交渉力の格差）に着目して，日本では，消費者と事業者との間の契約（消費者契約）について，「消費者契約法」や「特定商取引法」という特別なルールを定めて，契約の「公正」の確保を図っています。前者は，契約をする際に会社などがしてはならない行為を定める法律で，後者は，個人と会社などの契約でトラブルが起きやすい取引（訪問販売，通信販売など）に関するルールを定めた法律であり，以下にその法律の一部を紹介します（2018年現在）。なお，これらは，第2時の設問2の要点をつかむポイントを示してくれるものではありますが，もちろん，この通りに考えることが唯一の正解というものではありません。生徒の皆さんには，訪問販売の問題点と事業

者側の（不）利益の両方を考慮して作られているかという視点から，設問を検討してほしいと思います。

・再勧誘の禁止

消費者が契約の意思がないことを表明したら，その場で引き続き／その後改めて，勧誘してはならないというルールです。

・禁止行為

事業者は，①事実と違うことを告げること，②故意に事実を告げないこと，③相手を威迫して困惑させること等をしてはならないとされ，もしも事業者が①，②の行為を行った場合，消費者は，1年間契約の解除等をすることができます。

・過量販売契約などの解除等

上記禁止行為の①，②のほか，④通常必要とされる量を著しく超える商品の購入の契約をした場合，⑤消費者が退去してほしいと告げたのに事業者が退去しなかった場合，またその他一定の場合にも，消費者は，一定期間契約の解除等ができることになっています。

・クーリング・オフ制度

取引から8日間，消費者は，書面で申し出れば，契約をなかったことにできます（※消耗品として指定される一部商品を除き，既に使用した商品も可能とされています）。

・書面の交付義務

事業者は，クーリング・オフなど消費者にとって重要な事項を含む契約内容について記載された書面を，契約時に，消費者に交付する義務があります。

以上の他，雇用の場面では，労働者は雇い主である会社（使用者）に労働力を提供して賃金を受け取る（雇ってもらう）ことで生計を立てているという意味で，両者の間に圧倒的な力の格差があります。この「立場的な不均衡」について，日本では，いわゆる労働三法（労働基準法，労働組合法，労働関係調整法）をはじめとした労働関連法制が整備され，契約が「公正」にされるよう試みがされています。

⑹ 生徒のみなさんに学んでほしいこと

契約という単語は，日本社会ではまだまだ馴染みきれていないものとして聞こえます。しかし，自分の望みを叶えるためには，他人と，ある意味ではともに協力しなければならないことがあります。そのとき，他人同士だからこそ，互いの意思を表明し合って，今後の進め方や条件について取り決めをして，その取り決めを互いに守っていくというプロセスが大切になるのです。

そして，「自由な意思」でした契約だから，守らなければならない。よって，「自由な意思」によらない契約は守らなくてよく（守らせるべきではない），また，当事者に「立場的な不均衡」がある場合は，その不均衡を是正・補完する特別なルールが必要となります。

以上の二点を学んでもらい，今後の社会生活の中で，色々な相手と，公正に，win-winの関係を構築する力を養ってほしいと思います。

第**1**時

> # 契約が成立した？
> # この約束は守らなければならないの？

1. 本時の目標

1. 契約の成立過程とその拘束力について理解した上で，「自由な意思で決めた」契約ではない場合には拘束力がないことを理解する。

2. 何をもって契約が成立・変更したといえるのか，また，契約の拘束力を認めるべきか＝「自由な意思で決めた」契約であるかを，自ら判断できる力を身に付ける。

段階	学習活動	指導上の留意点
導入 【5分】	○自分が自分以外の人との間で，物やお金をやり取りしたりサービスを利用している場面を考える。 ○現代社会では一人だけの力で生きていくことは難しいこと，実際の生活でも多くの契約によって生活が豊かになっていることに気付く。	★自由に発表させるか，教師の方で身近な例を挙げる。 　例）コンビニでお菓子を買う，電車に乗る，インターネットで本を買う。 ★授業の解説参照。
展開 【10分】	【ワークシート①を配布】 ○設問1 　契約は互いの考え（意思）が一致して成立することを理解する。 ○設問2 　一方的に契約を破ったり変更したりすることはできないことを理解する。	★Ａさん「10万円を貸してほしい【①】」，Ｂさんは「いいよ【①】ただし，Ａさんの給料日の翌日には返してね【②】」，Ａさん「もちろん返すよ【②】」から，①ＢさんがＡさんに10万円貸すこと，②Ｂさんから借りた10万円をＡさんがＢさんに給料日の翌日に返すことについて，互いに一致していることを指摘し，このように一致することで，①，②を内容とする契約が成立することを理解させる。後の設問でも有用なため，上記の①，②については板書して残したまま設問2以降に進むとよい。 ★授業の解説の「契約の拘束力」参照。特に，契約は「自由な意思で決めた」こと及び「相手方の信頼の保護」の意味から「契約の拘束力」があることを強調する。「拘束力」，「意思」などの単語は，理解の妨げになるようであれば，「守らなければならない」，「考え」などの平易な単語に置き換えて説明する。
発展（1） 【10分】	【ワークシート②を配布】 ○設問3 　当事者の一方に何らかの事情があっても，設問2と同様一方的な変更はできない	★授業の解説「契約は変更できる」参照。 ★Ｂさん「給料日の翌日ではなく，今すぐ10万円を返してくれ」，Ａさん「いいよ」と一致していることを指摘して，設問1で確認した契約内容①，②のうち，②について「給

	が，契約を変更することについて互いの考えが一致している場合は，契約が変更されることを理解する。	料日の翌日」ではなく「今すぐ」（契約を変更した日）返すことに変更されたことを確認する。契約の成立（設問1）の応用である。
発展（2） 【20分】	○設問4の1 互いの言葉が一致して契約が成立していても，契約の拘束力が生じない場合があることを学ぶ。 ○設問4の2	★授業の解説「契約の拘束力の例外」参照。特に，まず「契約の拘束力」の根拠を確認した上で，本問の事例をよく読み，Aさんは「自由な意思で決めた」といえるのか，をよく考えさせる。結論として，脅されて「自分や家族の身に何が起こるかわからない」と思って仕方なく応じていることから，「自由な意思で決めた」とはいえないことを確認する。 ★設問3は，Aさんは自発的に「いいよ」と言っている一方で，設問4は，Aさんは脅されて仕方なく応じているから，「自由な意思で決めた」といえるかについて，前者は肯定され，後者は否定される。そのために両者の結論が分かれることを改めて確認する。
まとめ 【5分】	○契約は当事者の考えが一致することで成立し，拘束力をもつこと，また，互いの考えが一致すれば変更できること，「自由な意思で決めた」といえない場合は拘束力が生じないことを確認する。	★余裕があれば，授業の解説「契約の拘束力の例外」記載の日本の法制度について指摘するとよい。

2. 第1時・ワークシート①

契約が成立した？　この契約は守らなければならないの？

設問1　次の事例において，AさんとBさんは，どのような契約をしたのでしょうか。

> 　Aさんは，そろそろ夏になるから水着を着たときに格好良い筋肉を見せたいと思い，「マッスルクリニック」というトレーニングジムに行ってみました。マッスルクリニックではキャンペーンをやっており，今週中に申し込めば，費用は10万円で済むとのことでした。
>
> 　しかし，Aさんは3週間後になれば給料が入るものの，今手元にはお金がありませんでした。そこで，Aさんは知り合いのBさんに「10万円を貸してほしい」と頼んだところ，Bさんは，「いいよ。ただし，Aさんの給料日の翌日には返してね」と言い，Aさんも「もちろん返すよ」と言いました。

設問2　設問1を前提として，以下の問いに答えてください。

> 　Aさんは，3週間後，予定通り給料をもらったので，Bさんに渡すためのお金の準備をしていました。ところが，Aさんの給料は20万円でしたので，10万円を渡してしまうと，半分になってしまいます。急にAさんはBさんに10万円を全額返すのが惜しくなり，半分の5万円だけにできないかと思いました。

　1　AさんはBさんに「やっぱり今月5万円返して来月5万円返すということにする」と言って，給料日の翌日に5万円だけ返すことはできますか。Bさんから「いいよ」などの返事はもらっていません。

　　　　　　　　　　　できる　　　　　　　　　　　できない

　2　そのように考えた理由は何ですか。

3. 第1時・ワークシート②

設問3　設問1を前提として，以下の問いに答えてください。

> 　Aさんにお金を貸した3日後，Bさんの妻が急に入院することになってしまったため，Bさんは，すぐにAさんに10万円を返してもらう必要が出てきました。Bさんは，Aさんに事情を話して，「給料日の翌日ではなく，今すぐ10万円を返してくれ」と言いました。Aさんは，ちょうどその日給料とは別にボーナス10万円を受け取っていたので，「分かった。そういうことなら今すぐ返すよ」と言いました。

　Bさんは，今すぐ10万円を返してもらうことができるでしょうか。
　また，そのように考えた理由は何ですか。

設問4　設問1を前提として，以下の問いに答えてください。

> 　Aさんにお金を貸した3日後，Bさんは，急にお金が必要になり，今すぐAさんからお金を返してほしいと思いました。そこでBさんはAさんに，「この前貸した10万円，耳を揃えて返せ」と言いました。Aさんは，「期限は給料日の翌日だったはずだ」と言い返しましたが，Bさんは急に大きな声で「そんなこと知るか。返さないならお前やお前の家族に何が起こるか分からないぞ」と怒鳴り，Aさんに詰め寄った。Aさんは，Bさんの顔や態度から，応じないと自分や家族の身に何が起こるか分からないと怖くなり，Bさんに「分かりました，明日，10万円払います」と答えました。

　1　Aさんは，今すぐ10万円を返さないといけませんか。また，そのように考えた理由は何ですか。

　2　設問3の事例と設問4の事例とで，どのような違いがありますか。

39

第**2**時

納得できない契約，取り消すことはできないの？

1. 本時の目標

1. 架空の王国での訪問販売の例を通じて，当事者間に「立場的な不均衡」がある場合には，「公正」な契約関係とするために特別なルールが必要となる場合があることを理解する。

2. 「立場的な不均衡」がある場合に，「公正」を期すためには，具体的に，その契約において何が不都合であり，どのようなルールが必要かを自ら考える力を養う。

段階	学習活動	指導上の留意点
導入 【8分】	○前時の学習を復習する。	★「自由な意思で決めた」契約は原則として守らなければならないことを改めて確認する。
展開（1） 【12分】	【ワークシート①を配布】 ○設問1を読む。 ○設問1 　契約には原則として拘束力があるということを確認する。その上で，本件の場合には前時で学んだ「契約の拘束力」の例外に該当するような事情は存在しないことを確認する。	★事例は生徒に読み上げてもらうとよい。 ★設問1の1：CさんがD業者から1万ミヤカで「マッスルニナール」を買う契約が成立。 ★設問1の2：「返してもらえない」が正解。 ★設問1の3：この事例の場合，Cさんは，脅されたり，嘘をつかれたりしたわけではなく，自ら考えて器具を買うことを決めているから，原則通り契約を守らなければならないはずであることを指摘する。
展開（2） 【25分】	【ワークシート②～④を配布】 ○設問2の1 　班ごとに分かれて，国民側と業者側の意見をよく読んで確認し，訪問販売の何が問題なのかを検討する。 　検討の後，各班が発表する。	★以下の観点から検討ができているか確認する。 ①事業者は，自ら扱っている商品や役務（サービス）に関して，その内容や取引条件，よさ，悪さ等の情報を，消費者よりも多くもっていること，また，事業者は，自ら行う事業（商売）に関する交渉のノウハウを，消費者よりも多くもっていること（このことを，「情報の量及び質並びに交渉力の格差」などという）に着目。この立場的な不均衡をどのように解消するかがポイントとなる。 ②訪問販売という取引形態に着目する。例えば店舗に来店して商品を買うのと比較すると，消費者にもともと購入の意欲があるわけではないこと，消費者は購入したくなくても自分から退去できない（販売者が退去しなければその場を逃れられない）こと，このような訪問販売はいわば不意打ち的な販売といえるため，購入後に冷静に（頭を冷やして）考えて「やっぱり要らなかった」と思うことが多いことなど。
	○設問2の2，3	★消費者（国民）側の要望を聞くだけでは，事業者（業者）

40

	設問2の1の問題点を踏まえて，訪問販売のルールを作る。 検討の後，各班が発表する。	側に過度な制約を課すことになる。規制を強化しすぎたために商売自体が成り立たない，という結果になると，事業者の権利（自由に経済活動をする権利）が必要以上に害されてしまい，かえって不均衡な事態を招くことになりかねない。この点を生徒に注意喚起する。 ★例えば，消費者は契約の取消等が可能というルールを作る場合，いつまでも可能とすると，事業者は忘れたころに取消をされて返金を余儀なくされることになるが，これだと商売が立ち行かない。そのため，期間を区切る必要があるが，どの程度にするかは，国民と業者の双方の利益・不利益を考えて検討すべきである。 ★あくまで，契約自由の原則が基本。その上で，設問2の1で確認した取引の問題点から導かれる必要性の限度で，一定の行為を禁止したり，救済措置を与えるなど，特別のルールを設定する，という視点を確認する。
まとめ 【5分】	○「立場の不均衡」がある場合には「公正」を確保するために特別なルールが必要であることを学ぶ。	★授業の解説「契約当事者の立場が不均衡な場合の特別なルール」及び「日本の法制度」参照。 ★余裕があれば，「日本の法制度」記載の特定商取引法等の内容（各班から挙がらなかったもの）や授業の解説記載の法制度を説明するとよい。

2. 第2時・ワークシート①

どんなルールを作る？

設問1　次の事例について考えてみましょう。

> 　ここは，訪問販売業者（国民の自宅を訪れて商品を販売する業者）がたくさんいる，M王国。ある日，国王のもとに，国民のCさんがやってきました。
>
> Cさん：「先日家におりましたところ，急にD業者がやってきました。D業者は，1万ミヤカ（※）もする『マッスルニナール』という健康器具を，『筋肉をつけるならこれを買ったほうがよいですよ！　売れ行きも好調で……』など色々と宣伝文句を言いながら売りつけてきました。私は，最初要らないと言いました。ですが，D業者はその後長時間『マッスルニナール』の宣伝動画を見せたり，性能や効果を宣伝。そしてとうとう，私はついその場で1万ミヤカを支払い，商品を買ってしまいました。しかし業者が帰った後冷静になって考えたら，やっぱり必要のない高額の買い物で……買い物を取り消したいと考えているのですが。」
>
> M国王：「その業者は，あなたを脅してきたのか？」
>
> Cさん：「いえ……それはありません。」
>
> 大臣　：「では，何か嘘をついて売ってきたのか？」
>
> Cさん：「いえ……それもありません。」
>
> ※1万ミヤカ＝現代の日本円に換算すると10万円相当

1　CさんとD業者は，どのような契約をしたのでしょうか。

2　Cさんは，D業者との契約をなかったことにして，D業者に1万ミヤカを返してもらえるでしょうか。

返してもらえる　　・　　返してもらえない

3　2のように考えた理由は何ですか。

3. 第2時・ワークシート②

設問2　それぞれの意見を踏まえてルールを作ってみよう。

> その後も，Cさんと同じような訴えをする国民が次々と国王のもとを訪れました。M国王は，何かルールが必要なのではないかと考え，E大臣に，国民と業者の両方からそれぞれの言い分を聞いた上で，何かよいルールを考えるよう命じました。

1　ワークシート③，④にある国民側と業者側の言い分を確認し，訪問販売の問題点は何か検討し，書き出しましょう。検討に当たっては，例えば，直接店に物（例えば健康器具）を買いに行く場合と比べて，訪問販売の場合とで，買う側にとってどのようなことが困るのか，ということも考えるとよいでしょう。

2　国民側と業者側それぞれの意見を踏まえて，M王国の訪問販売のルールを作りましょう。出来上がったルールを書いてください。

3　ルールを考える上で重視した点は何ですか。

43

4. 第2時・ワークシート③

Cさんを含む国民側の言い分

●国民と業者との立場の違い

・私たちは，商品について多くの情報をもってはいませんので，業者が言う商品の性能
や効果を信じるしかありませんし，買う前にそれが本当かを確かめることもできませ
ん。

・業者は，商品を売ろうとたくさんのお金をかけていろいろな宣伝をしていますが，商
品のよいところばかりを取り上げているかもしれません。私たちは専門的な知識があ
りませんので，業者が作った宣伝を見て，その商品が本当に自分に必要か判断するの
は難しいです。

●訪問販売の特徴

・突然家に売りに来られると，冷静に考える余裕がなく，買わないといけないという気
持ちになってしまいます。よく考える時間がほしかったです。

・頼んでもいないのに，家に来ることはやめてほしいです。

・商品を買うまで帰ってくれなかったので，仕方なく買いました。

・一人暮らしなので一つで十分だったのに，たくさん買うと安くなるから，と言われ
て，必要以上にたくさんの商品を買ってしまいました。

●契約後のこと

・私は高齢で一人暮らしをしていますが，業者が来た2週間後に家に遊びに来た息子と
話をして，よく考えたら，業者から買った商品は要らないと思いました。

・買ってよかったかどうかは1週間では分かりませんでしたが，1か月経ってみて，全
然使わないので，やっぱり要らないと分かりました。商品は返すからお金を返してほ
しいです。

5. 第2時・ワークシート④

D 業者を含む業者側の言い分

●国民と業者との立場の違い

・どのような方法で商売をして利益を得るかは，個人の自由だと思います。実際に，世の中ではいろいろな方法で商売がされています。
・扱う商品について広く宣伝をし，多くの人に知ってもらわなければ，商品をたくさんの人に買ってもらうことはできません。

●訪問販売の特徴

・お年寄りなど，店に行って買うことが難しい人もいますので，自宅を訪問して商品を販売することは必要です。
・最初はほしがっていなかったものの，訪問販売でおすすめして買ってもらい，後日「買ってよかった！」と喜んでくれた人も多くいます。
・お客さんも初めて見る商品なので，よい商品だと分かってもらうために，根気よくおすすめする必要があります。

●契約後のこと

・脅したり，嘘をついて契約をすすめたことはありません。商品を買った人も，自分で自由に考えて決めたのに，契約を取り消したいなんておかしいです。
・商品を使った後に文句を言われても，その商品はもう他の人に売ることができませんので，困ります。
・契約した後，国民の側はいつまでも契約をなかったことにできるならば，業者はずっと返金しないといけないかもしれず不安です。また，その商品を他の人に売るタイミングもなくなってしまうので，とても困ります。

45

No. **3**　◎社会／○道徳／総合的な学習の時間，特別活動

私が加害者 !?

―他人の権利・利益を害してしまったら―

1. 授業の目標

1. 誰もが自由に行動できるという大原則を理解した上で，他人の権利・利益を害してしまったときの責任について理解する。

2. 法的責任の程度について，権利・利益の侵害が，わざと（故意）であるか，うっかり（過失）であるかを判断し，また，権利・利益の侵害によって生じた損害の補填者を決める上で，「公平」の観点から考えて判断できるようになる。

3. 社会において権利・利益の侵害が起きた場合に，誰がどのような法的責任を負い，発生した損害について誰がどの範囲で負担するべきかという視点をもち，事案に応じた公平な結論を導く思考を身に付ける。

2. 授業の構成

■第1時
自転車の交通事故事例を題材として，加害者の行為態様を通じて故意，過失，落ち度なし（不可抗力）のそれぞれの場合における責任の程度について検討する。

■第2時
自転車の交通事故の事例を題材として，損害の考え方について学んだ上で，被害者にも過失がある場合の損害の分担について検討する。

3. 授業の解説

(1) 自由と責任

　私たち一人ひとりの行動は，原則として自由です。

　もちろん，実際には，生徒たちは家庭や学校などで，「～しなさい」，「～はしてはいけません」など，やるべき／やってはいけないとされていることがあるでしょうし，大人であっても，立場や関係性などからしなくてはならないことを抱えていると思います。

　しかし，法的な観点でいうと，現代の日本で私たちはみな個人として自由であり，何人も，

他の人の行動を強制できず，また，他の人から行動を強制されることはないのです。

　もっとも，私たちの行動によって，他人の権利・利益が侵害されるとなると，私たちは，その他人に対して，相応の責任を負うことになります。

　なお，本授業で問題とするのは，常識に照らし，社会批判を受けてもしかたのないルール違反に伴う責任といった意味合いの「道義的責任」ではなく，法律に従って負うこととなる「法的責任」です。また，法的責任には，私人どうしの関係で問題となる民事上の責任と，犯罪行為等に対して国家が裁き罰を科する刑事上の責任等が含まれますが，本授業で扱うのは前者（民事上の責任）です。刑事上の責任は，民事上の責任も生じる事件のうち，発生した結果が重大なケース（犯罪事件等）に限って問われるのが通常です。

(2) 人の権利・利益の侵害と損害

　上記で他人の「権利・利益」という抽象的な言葉を用いましたが，法的な保護の対象となる，つまり法的責任の対象となる権利・利益には，生命，身体，財産（現金，不動産，服飾品，ペットに至るまで，経済的な価値をもつその人の所有物すべてが含まれます）などがあります。

　加えて，「名誉権・プライバシー権」のように，目に見えない権利・利益もあります。たとえその内容が事実であったとしても，その人の社会的な評価をおとしめるような噂を流されたり，公表されていない個人的なことを暴露された場合は，これら権利の侵害があるといえます。

　そして，人の権利・利益が侵害された場合，日本では，金銭によって「損害」がいくらかを算定して，その金額を「賠償する」という制度をとっています。よく耳にする「損害賠償」というのは，日本では，お金を支払って償うことを意味します。なお，損害賠償には，金銭で償う他に，例えば古代のハンムラビ法典の有名な一節「目には目を……」のように，相手にけがを負わせた場合にはそれと同等のけがを負うべきとの方法もあり得ます。

　また，前述した名誉権・プライバシー権の侵害などのときには，直接目に見える被害はないかもしれませんが，本人は嫌な思いをして「精神的な損害」を受けます。このような精神的な損害に対する賠償金のことを，「慰謝料」といいます。

(3) 過失責任主義（落ち度がなければ責任は生じない）

　では，私たちは，他人の権利・利益を侵害したときは，どんな場合であっても，法的責任を負うことになるのでしょうか。

　この点については，時代や国などによって考え方が分かれますが，現代の日本では，ある人（加害者）の行動によって他人（被害者）の権利・利益が侵害された場合であっても，加害者に落ち度が全くない場合には，加害者には法的責任はないという考え方がとられており，このような考え方を「過失責任主義」（過失責任の原則）といいます。一方，他人の権利・利益が侵害されたという「結果」が生じれば，加害者に落ち度がなくとも，加害者はその結果に対する法的責任を負うという考え方もあり，このような考え方は「結果責任主義」といわれます。

　加害者の「落ち度」は，「故意」（わざと）と「過失」（不注意）の二つに整理されます。

47

「過失責任主義」は,「不法行為」として民法709条に定められています。

民法709条（不法行為による損害賠償）
　故意又は過失によって他人の権利又は法律上保護される利益を侵害した者は,これによって生じた損害を賠償する責任を負う。

⑷ 落ち度の程度

　他人の権利・利益を侵害した場合,落ち度があれば責任を負いますが,前述した通り,落ち度には,大きく「故意」（わざと）の場合と「過失」（不注意）の場合の二つがあります。

　「故意」（わざと）は,自分の行動から一定の結果が生じることを意図して,そのような行動をすることをいいます。例えば,廊下で走っていて友人にぶつかり,その友人が転んでけがをしたというときに,友人にぶつかって転ばせようとして走っていた（自分の行動から一定の結果が生じることを意図していた）ような場合です。

　「過失」（不注意）は,自分の行動から一定の結果が発生することを予測でき,また,その結果を避けることができたにもかかわらず,そのような行動をすることをいいます。例えば,同じく廊下で走っていて友人にぶつかり,その友人が転んでけがをしたというときに,廊下を走れば人にぶつかり,その人が転んでしまうということは通常予想できますし（自分の行動から一定の結果が発生することを予測できる）,また,廊下を走らずに歩けば走って人にぶつかるということは回避できたのですから（その結果を避けることができた）,「過失」があるといえます。

　そして,普通の人がするのと同じくらい注意深く行動していても,人の権利・利益を侵害してしまう場合があります。典型例としては,突風や地震のような自然災害など,自分の力ではどうしようもできない「不可抗力」が発生した場合です。このような場合には,過失責任主義から,法的責任は問われません。第1時では,以上の「過失責任主義」について学びます。

⑸ 損害は「公平」に分担される

　では,仮に,被害者の方にも落ち度があった場合でも,発生した損害の全額について,加害者が負担することになるのでしょうか。

　日本は,被害者側にも落ち度があった場合には,加害者側の落ち度と,被害者側の落ち度の割合に応じて,損害を分担するという考え方をとっています。この考え方の根本には,発生した損害について,加害者も被害者も「公平」にその法的責任を負うべきであるという理念があります。これを,「損害の公平な分担」などといいます。

　例えば,ある人（加害者）が深夜に自動車を運転していたところ,歩行者（被害者）にぶつかるという事故を起こしてしまいました。被害者は,全治2か月の骨折をし,治療費,治療のため仕事に行けなかった日の分の給料相当のお金等の損害が発生したとします。もっとも,事故当時,被害者は酒に酔って歩道から大きくはみ出て歩いており,他方で加害者は,確かに前

方不注意のきらいはあったものの，歩道とは一定の距離を置いて車道を走っていたとします。被害者が歩道の上を歩いていれば，加害者の自動車が被害者にぶつかることはありませんでした。このような場合にも，加害者に，発生した損害の全額を負担させるべきとすると，加害者は，自分の行動以上の償いをさせられ，他方で被害者は，自分の行動にも落ち度があったにもかかわらずその点について何も責められないことになります。つまり，加害者と被害者とで，負うことになる法的責任に釣り合いがとれず，「公平」が失われてしまうのです。

日本の法制度は，このような結果をよしとせず，損害は公平に分担されるという考え方をとっているのです。第2時では，このような考え方を学んでほしいと思います。

以上の「損害の公平な分担」についても，「過失相殺」として民法に規定されています。

民法722条（損害賠償の方法及び過失相殺）2項

被害者に過失があったときは，裁判所は，これを考慮して，損害賠償の額を定めることができる。

⑹ 生徒のみなさんに学んでほしいこと

身近な「権利・利益」の侵害の一つに交通事故がありますが，近年，若年者が自転車の運転中に事故を起こし，高額な損害賠償を請求されるという例が増えています。

例えば，11歳の小学生が乗った自転車が時速20〜30kmの高速で坂道を下りる途中，前方不注意で67歳女性と衝突し，女性の意識が戻らない状態となったケースでは，裁判所は，小学生の親に約9500万円の損害賠償を命じました（神戸地裁平成25年7月4日判決）。また，無灯火かつ携帯電話を操作しながら自転車を運転していた16歳の女子高生が，54歳女性と衝突し，女性が歩行困難となり仕事（看護師）を続けることができなくなったケースでは，裁判所は，女子高生に約5000万円の支払いを命じました（横浜地裁平成17年11月25日判決）。

本授業では，上記のような状況も踏まえ，自転車の交通事故を題材に，前述した「過失責任主義」を理解し，また，「過失」（不注意）とは具体的にどのようなことを意味するのかを感覚として知ってもらうことを意図しています。

加えて，生徒たちも実生活の中でよく耳にすると思われる「加害者」，「被害者」，「損害賠償」という単語について，ケースによっては被害者側にも落ち度がある場合もあること，そのような場合には，損害は「公平」に分担されるということを，考えてもらいます。

不幸にして自分が「加害者」・「被害者」になる可能性は誰にでもあり，その場合には，どちらの立場に立っても，大きな負担を背負うことになります。みなが安心して生活していくために，尊重し合い，互いに人の権利・利益を傷つけないように気を付けて行動する必要があり，そこで，本授業で学んだ内容が一助になることを願います。

第**1**時

故意・過失がある場合と無過失の場合の違い

1. 本時の目標

1. 権利・利益の侵害があったとき，加害者は，①わざと（故意），②不注意（過失），③落ち度がない（不可抗力），のいずれかであること，また，発生した結果（被害者の損害）の程度が同じでも，加害者が責任を負うのは①と②の場合だけであり，③の場合には責任を負わないことを理解する。

2. ②と③の違いを判断する力を身に付ける。

段階	学習活動	指導上の留意点
導入 【5分】	○例を挙げて，権利・利益の侵害の場面の構造を理解する。	★交通事故や，校庭でボールが当たってけがをする事例などを例に挙げ，「加害者」と「被害者」がいて，「加害者の行為」が「原因」となって「被害者の権利・利益が侵害された」という構造を理解する。 ★図などを描いて確認するとよい。
展開（1） 【5分】	【ワークシート①②を配布】 ○事例を読んで，「加害者」，「被害者」が誰か，また，侵害された「被害者の権利・利益」は何か，確認する。 ○設問1① わざと（故意に）人の権利・利益を侵害した場合，責任を負うことを理解する。	★加害者はA君，被害者はB君であることを確認する。 ★B君は，時計という財産的利益と，けがによって身体が害されたことを確認する。用語にはこだわらず，この場合「もの」と「からだ」が傷ついたという程度の理解でよい。 ★「責任を負う」という言葉がしっくりきていないようなときは，「時計の修理は誰がお金を出すべきだと思う？」，「病院の治療費に2000円かかったら，それは誰が負担すべきだと思う？」などと聞いてみるとよい。 なお，刑事上の責任（逮捕，刑事裁判）に言及する生徒がいるかもしれないが，本授業では当事者同士での（民事上の）責任の取り方について考えてみようと促す。
展開（2） 【25分】	○設問1②～④ 不注意の（過失がある）場合と落ち度がない（不可抗力）の場合【※】の違いを理解する。その上で，前者の場合は責任を負うが，後者の場合は責任を負わないことを理解する。	★対比がしやすいため，②～④の順番に見ていくとよい。 ★【②の場合】は前方を見て運転していればB君にぶつかることはなかったからそうしなかった点で不注意がある。【③の場合】はA君がB君にぶつかった原因は誰も予測できなかった災害であり，A君としては，B君にけがを負わせないために前もってできることが何もなかったから，落ち度がないといえる。【④の場合】，地震があったのだから，いつも以上に道に気を付けていればB君にぶつかることはなかったから，そうしなかった点で不注意がある。 ★②と④はいずれも不注意だとの結論であるが，②はどんな

50

		ときでも自転車に乗る以上はすべきことをしなかったが，④は地震という稀な出来事が起こったことを受けてすべきことをしなかったという点で，②より④の方が不注意の程度は軽いといえることを指摘する（④はいわば限界事例である）。
展開（3） 【10分】	○設問2 不注意（過失）があったか否かが責任の有無を分ける判断基準になることを理解する。	★不注意があったか否かが責任の有無を考える上でのメルクマールとなる。
まとめ 【5分】	○わざと，不注意，落ち度なし，の区別及び不注意とならないためにとるべき行為を再確認する。	★余裕があれば，上記展開（2）の【※】は，加害者の主観そのものではなく，一般的な観点から判断されることに言及してもよい。

2. 第1時・ワークシート①

【事例】
　A君が自転車に乗って走っていると，向こうからB君が歩いてきました。
　A君の自転車がB君にぶつかり，B君は転んで時計が壊れ，また，けがをして1ヶ月間病院に通わなければなりませんでした。

設問1　A君がB君にぶつかった理由が以下の①～④であった場合に，A君はB君に対して責任を負わなければなりませんか。その理由は何ですか。

① A君は，日ごろからB君のことをよく思っておらず，B君が前から歩いてくるのを見て，「自転車をぶつけてやろう」と思って，B君にぶつかった。

【A君は責任を負わなければなりませんか。】
・責任を　負う　／　負わない
・理由（　　　　　　　　　　　　　　　　　　　　　　　　　）

② A君は，新しく発売されるゲームソフトのポスターを見ていて，前をよく見ていなかったから，B君に気付くのが遅れて，B君にぶつかってしまった。

【A君は責任を負わなければなりませんか。】
・責任を　負う　／　負わない
・理由（　　　　　　　　　　　　　　　　　　　　　　　　　）

③ A君がB君の横を普通に通り過ぎようとしたとき，突然大きな地震が起きて，A君はバランスを崩し，自転車ごと倒れてB君にぶつかってしまった。地震が起きることは誰にも予想ができず，この日，町のあちこちで同じような事故が起きていた。

【A君は責任を負わなければなりませんか。】
・責任を　負う　／　負わない
・理由（　　　　　　　　　　　　　　　　　　　　　　　　　）

3. 第1時・ワークシート②

④　A君がB君にぶつかった現場は，A君がいつも通っている通学路だったが，昨日起きた地震のせいで，道路に地震の前にはなかった 10cmの段差ができていた。A君はそれに気付かず自転車を運転し，段差に乗り上げてバランスを崩し，自転車ごと倒れてB君にぶつかってしまった。

【A君は責任を負わなければなりませんか。】
・責任を　負う　　／　　負わない
・理由（　　　　　　　　　　　　　　　　　　　　　　　　）

設問2　A君が責任を負うか負わないかについて，①〜④で結論が分かれましたか。その理由（判断の基準）は何でしょうか。

・結論が　分かれた　　／　　分かれない
・理由

第**2**時

損害を公平に分担する方法

1. 本時の目標

1. 尊重されるべき権利・利益の種類について理解した上で，それらを侵害しないように注意して行動することが大切であることを理解する。

2. 実際に権利・利益の侵害が発生した場面で，誰がどのような責任を負うべきか，損害の公平が分担という観点から考えることのできる力を身に付ける。

段階	学習活動	指導上の留意点
導入 【5分】	○第1時の復習	★わざと及び不注意の場合には加害者は被害者に対して責任を負うことを確認する。
展開（1） 【15分】	【ワークシート①，②を配布】 ○事例を読む。 　損害とは，権利・利益の侵害の前と後とでの差であり，金銭で表されることを理解する。 ○設問1 　具体的な事例に即して，発生した損害がいくらであるか（金額）を検討する。	★第1時の事例でいうと，時計が壊れたこと，けがをしたことのどちらも損害だが，どちらもお金に換算して考えることを説明する。 ★けがなどは，治療費など実際に支払われる金額が明確なものもあるが，けがをする前よりもできることが少なくなって（例えば，けがのために好きだった野球をやめたなど）精神的にダメージを受けた場合は，この精神的なダメージもお金に換算して，損害とされることもあることを説明する。 ★A君は，スピードを出し過ぎず，また，前方をよく見ていれば，B君にぶつかることを避けられたのにそのようにしなかった点で不注意があり，B君に対して責任を負うことを確認する。 ★①時計は，修理して元（事故前の状態）に戻るのであれば，損害の回復としては十分である（新品を基準とするとB君が元よりも利益を得ることになる）。②治療費は，けがをしたことによって実際にB君が支払ったお金であるから，そのまま損害といえる。③アルバイト代は，けがをしたことによって，B君が本来（けがをしていなければ）得られたのに得られなくなったものであるから，権利・利益の侵害の前後での差といえ，損害と考えられる。④は，精神的なダメージとして損害になり得るが，金額は生徒により異なっても構わない。なお，参考までに，本件のように1か月間通院した場合の慰謝料は，一般的には28万円程度が認められている。
	○設問2 　被害者にも不注意（過失）	★このような場合には，「公平」の視点から，被害者と加害者とでそれぞれ損害を負担し合うことになることを指摘する。

54

	があった場合にまで，損害の全額を加害者が負担することは「不公平」ではないか，との問題意識をもち，「損害の公平の分担」の視点を学ぶ。	設問中，「理由」の回答を導く際に，「公平」というキーワードを提示する。
展開（2）【25分】	○設問3 B君が侵害された権利・利益はどのようなものか，どうすれば回復するのか，損害を誰がどのように負担するのが公平か，具体的に考える。	★以下は考え方の例であるが，必ずしもこれらが正解というものではなく，「公平」の観点から妥当な理由に基づいていればよい。 ①：基本的には，A君に落ち度はなく，B君だけに不注意があるといえる。ただし，A君は自転車を運転していたことをとらえて，歩行者よりも注意すべきという視点もあり得る。このことは，②，③でも同様。 ②：A君，B君いずれも同じ程度の不注意があるといえる。 ③：A君がハンドルを切ったのはいわば不可抗力といえるが，B君にも突然飛び出したことについて不注意がある。
まとめ【5分】	○損害は「公平」の観点から分担すべきことを確認する。	★被害者側も損害を負担するという意味でも皆が注意する必要があることを確認する。 ★余裕があれば，授業の解説「生徒のみなさんに学んでほしいこと」記載の実際の裁判例等を紹介してもよい。

2. 第2時・ワークシート①

【事例】
　A君はかなりのスピードで，しかも，よそ見をしながら，自転車を運転していました。その結果，A君の自転車とB君がぶつかってしまいました。

　事故により，B君の①時計が壊れました（その時計は1年前に2万円で買ったもので，今は同じものが1万5千円で買うことができ，修理するとなると5千円かかります）。B君が通った②病院の治療費は，1万円でした。B君はけがが治るまでの1ヶ月間アルバイトを休み，働いていればもらえるはずの③アルバイト代5万円をもらえませんでした。また，④B君はこの事故で痛くてつらい思いをし，けがが治るまで好きなテニスもできませんでした。

設問1　あなたは，下線部①〜④について，A君はB君にいくら払うべきだと考えますか。また，その理由は何でしょうか。

　　　【①】・金額（　　　　　　　　　　円）
　　　　　　・理由（　　　　　　　　　　　　　　　　　　　　　　　　　　　　　　　）
　　　【②】・金額（　　　　　　　　　　円）
　　　　　　・理由（　　　　　　　　　　　　　　　　　　　　　　　　　　　　　　　）
　　　【③】・金額（　　　　　　　　　　円）
　　　　　　・理由（　　　　　　　　　　　　　　　　　　　　　　　　　　　　　　　）
　　　【④】・金額（　　　　　　　　　　円）
　　　　　　・理由（　　　　　　　　　　　　　　　　　　　　　　　　　　　　　　　）

設問2　B君が，スマートフォンを見ながら歩いていて，互いに気付くのが遅れてぶつかってしまった場合は，B君がA君に払うべき金額を設問1から変える必要があると考えますか。その理由（判断の基準）は何でしょうか。

　　　・変える必要が　　ある　／　ない
　　　・理由

3. 第2時・ワークシート②

設問3 ワークシート①の事例について，以下のような事情があった場合，B君に発生した損害について，A君とB君はそれぞれ負担すべき割合はどのくらいがよいと考えますか。それぞれの割合に応じて，どのくらいの割合（％）がよいか，A君とB君とで色などを変えて，グラフを塗ってみましょう。

① 自転車に乗っていたA君は青信号で交差点に進入した。そこに，横からB君が赤信号を無視して歩いてきて，二人はぶつかった。

A君 　　0　　10　　20　　30　　40　　50　　60　　70　　80　　90　　100　　B君

② A君は，ゲームのポスターを見ながら自転車を運転していて前を見ていなかった。同時に，B君は，隣にいたC君に話しかけようとして前を見ていなかった。そして二人はぶつかった。

A君 　　0　　10　　20　　30　　40　　50　　60　　70　　80　　90　　100　　B君

③ A君は前を見て自転車を運転していたが，道路際のビルの上から突然物が落ちてきたため右にハンドルを切って避けた。そこに，反対車線に駐車してあった車の陰から，道路を横断しようとしたB君が突然出てきて，二人はぶつかった。

A君 　　0　　10　　20　　30　　40　　50　　60　　70　　80　　90　　100　　B君

No.4 ◎社会／○道徳，特別活動／国語，総合的な学習の時間

ボールの奪い合いが始まった!?

― もめごとを解決するために第三者を交えて話し合いをする（民事調停）―

1. 授業の目標

1. 人間社会では対立が必ず起きるものであることを踏まえて，話し合いによる自律的な紛争解決と，その話し合いに第三者（調停人）が関わること（調停）の意義を理解する。

2. 紛争当事者・調停人いずれの立場でも，調停の基本的な進め方に則って，「よく聴く」「よく伝える」「人と問題を切り離す」というよいコミュニケーションのための基礎的技法を使いこなしながら，紛争当事者が本当に求めている利害・関心を充たす解決策を創造した上で，効率的かつ公正な合意をして，自律的に紛争解決できるようになる。

3. 各種紛争について進んで解決しようとする意欲をもつとともに，自分とは異なる意見や利害等をもつ相手に対してもこれを尊重する態度を身に付ける。

2. 授業の構成

■ 第1時
民事模擬調停のロールプレイを行う（前半）。

■ 第2時
民事模擬調停のロールプレイを行う（後半）。

3. 授業の解説

(1) 話し合いによって自律的に紛争を解決する

　紛争は，あらゆる人間関係と社会に存在します。私たちがみな意見や価値観，利害等を異にしている以上，そうした差異を巡って対立が生じるのは必然です。

　しかし，困ったことに，紛争は，たいていの場合，協力の困難や感情の軋轢によるパフォーマンスの低下等をもたらし，人々や社会に損失を及ぼします。したがって，どのようにしたら上手に紛争を解決できるのかという問いは，私たちにとって常に重要な意味をもっています。

　もしこれが学校内の友達同士の争いなら，最終的には学校の先生が解決してくれることを期待できるかもしれません。家庭内の兄弟喧嘩でも，最終的には親が解決してくれることを期待

していいでしょう。ところが，大人になって社会に出ると，こうした庇護者に頼ることはできなくなります。互いが自由対等な関係のもと，紛争を解決していかなければならないのです。

　こうした（少なくとも理念上は）自由対等な人格の間で起きる紛争を平和裏に解決する方法の一つに，裁判があります。これは法律と証拠に基づいて白黒はっきり判断が下され，判決には強制力がある点で優れます。しかし，裁判は，価値や感情を問題とする紛争は扱ってくれませんし，手続きや解決方法に柔軟性もありません。何より，大げさになる面は否めません。

　そう考えると，当事者の話し合いによって合意を形成し自律的に紛争を解決するというのが，気軽に利用でき，手続きも解決方法も柔軟性に富む点で，第一義的には望ましい方法と考えられます。実際，社会における紛争解決の方法としては，話し合いが圧倒的多数を占めています。

⑵ 調停─紛争解決のために第三者を交えて話し合いをする

　もっとも，相互不信や誤解，自己解決能力の欠如といった理由から，話し合いによる解決がいつもスムーズに行えるわけではありません。

　そこで，中立公平な第三者が話し合いに関わり当事者の話し合いを支援することが考えられます。このような紛争解決方法のことを調停といい，第三者のことを調停人といいます。第三者が関わることで，当事者のコミュニケーションを量的・質的に補ったり，新たな視点を提供して行き詰まりを打開したりといったメリットが生まれます。

　ただし，第三者の関わり方によっては，かえって紛争を悪化させてしまうこともあります。そこで，以下，調停の基本的な順序に沿って，上手に実施するためのコツを説明します。

⑶ ステップ１：調停の開始─紛争解決に向けての雰囲気を作る

　最初に行うのは，調停に関わる者全員が，互いと手続に対する信頼（少なくとも調停人と調停手続に対する）を醸成し，環境を整え，紛争解決に向けての雰囲気を作ることです。

　普通は，冒頭で，自己紹介，調停と調停人の役割の説明，調停人が中立公平であることの言明を行うことになるでしょう。

　次いで，手続の進め方を説明します。その際，当事者を同席させないで一方ずつ交代で話をするなら（個別調停），その旨の了解を得ます。個別調停はコミュニケーションの齟齬を生む可能性を常に孕みますし，自律的紛争解決という理念からも後退しますので，同席調停の方が望ましいといえます。ただ，感情の衝突が激しいケース等で有効なのも事実ですので，状況に応じて使い分けることが大切です。もし同席調停を行うなら，一方が話しているときは他方は静かに聞く，誹謗中傷はしない等の話し合いのためのグランドルールを定めましょう。

　最後に，調停を開始することへの同意を当事者から得ます。調停は任意で行う話し合いですから，手続の実施は当事者の意思に基づくという大前提を今一度みなで確認するのです。

⑷ ステップ２：情報の共有─よいコミュニケーションをする

　以上のようにして話し合いの準備が整ったら，いよいよ実質的な話し合いに入ります。

実質的な話し合いでは，まず，紛争解決の基礎となる情報をみなで適切に共有するよう努めます。誤解に端を発する紛争なら，これだけで解決に至ることも珍しくありません。証拠等があれば，この段階でその内容を共有するようにします。

しかし何といっても，口頭によるコミュニケーションが重要なことは言うまでもありません。コミュニケーションの巧拙は，調停の成否に大きく影響を及ぼします。

頷きや相槌，アイコンタクトを交えたり，必要があれば質問をしたりする等して，心の底から相手の話を理解しようとしながら「よく聴く」ようにしましょう（active listening，傾聴）。

また，はっきりと明瞭な言葉で落ち着いて話したり，話題に正面から応答するよう心掛けたり，自分の話が相手に伝わっているかを確認しながら「よく伝える」ことも大切です。

さらに，「人と問題を切り離す」のも効果的です。紛争当事者は，相手が憎ければ，全てが悪いと考えがちです。しかし，相手の好悪と最善の紛争解決方法とは，本来，別の問題です。この両者を切り離して考えることができれば，創造的な解決にぐっと近づくことができます。

⑸ ステップ3：問題の再検討―本当に求めている利害・関心は？

次に，真に当事者が話し合うべき問題（issue）は何かを見つめ直し，再検討します。

一般に，紛争は，相手方に対して何かを主張・要求するという形をとって現れます（position）。しかし，そうした主張や要求の背後には，多くの場合，当事者が本当に求めている重要な利害や関心が潜んでいるものです（interest）。この本当に求めている利害・関心を正しく認識することで，紛争解決への道が開けたり，生産的な解決ができたりするようになります。

例えば，離婚後，両親が子どもの親権を巡って争うケースを考えてみます。問題を，どちらが親権をもつかという形で認識すると，勝ち負けという二者択一の結末しかありません。しかし，もし問題を，子どもと一緒に過ごす，子どもの育て方に関わる，休暇をともに過ごすといった形にとらえ直せるなら，二人はもっと前向きな解決を発見できるかもしれません。

残念ながら，紛争当事者は，自分が本当に求めている利害・関心が何か正確に理解していないことがほとんどです。だからこそ，調停人の支援が必要とされているのです。

⑹ ステップ4：解決策の考案―できるだけ多くアイデアを出す

互いに本当に求めている利害・関心が明らかになったら，みなで協力して，それらを充たすことができる解決策をできるだけ多く考え出すようにします（ブレインストーミング）。解決策の案出を，次に述べる評価と切り離すことで，可能性を秘めた解決策を早まって見切らないようにするのです。どのようなアイデアでも，ひとまずは否定しないということです。

このとき，互いが本当に求めている利害・関心をともに満たすことのできる解決策が存在しないか意識的に検討することが大切です。私たちは，紛争を，互いの主張や利害が両立しないものとして認識しがちですが（win-lose 交渉），中には，全部または一部が両立可能なものもあるからです（win-win 交渉）。オレンジを奪い合っている姉妹が，実は，妹は果実を食べたくて，姉は表皮でマーマレードを作りたかったという古典的寓話は，その端的な例です。

(7) ステップ５：解決策の評価─満足度と実現可能性をチェックする

　次いで，解決策ごとに，どのくらいの便益（benefit）と費用（cost）があるか計量し，満足度を評価します。その際，当事者が本当に求めている利害・関心をどれだけ満たせるのかが判断の大きな比重を占めることはいうまでもありません。なお，合意が成立しなかった場合より高い満足度の解決策が存在するなら，普通は，何らかの合意が成立するはずです。

　あわせて，この段階で実現可能性の評価も行います。

(8) ステップ６：調停の終了─効率的で公正な解決は？

　最後に，上述の評価を前提に，最善の解決策を見出し，合意するかどうかを決断します。

　最善の解決策といえるためには，第一に，両当事者にとってできるだけ満足度の高い，効率的なそれを選ぶことが必要です（パレート最適）。誰の満足度も下げることなくより高い満足度を得られる解決策があるのに，それを選ばないのは最善とはいえません。

　第二に，解決策が公正なものであることが必要です。誰もが受け入れることのできる解決と言い換えてもよいでしょう。何が公正かという点について一致が難しければ，法律や各種ガイドライン等の客観的基準に依ったり，市場価格等の外部の基準に依ったりするのが有用です。

　なお，調停人が解決策を提案するのは，原則として最後の手段とすべきです。当事者の自律的な話し合いを縮小させたり，一方の味方と受け取られたりするおそれがあるからです。

(9) 指導上の留意点

　本設例の解決策としては，「専ら一方が使う」「時間や曜日でシェアする」「新しいボールを買ってもらう」「先生に決めてもらう」「ジャンケンで決める」「合意しない」等，満足度・実現可能性・効率性・公正さがめいめい異なった多様なアイデアが考えられますが，「アキラたちとテツオで一緒にバスケットボールをする」という解決策は是非検討してほしいところです。調停の基本的な進め方に則って思考を深めていけば，本当に求めている利害・関心が「バスケットボール」ではなく「バスケットボールをする」ことだと思い至るのは難しくありません。あとは，自らの負の感情を乗り越えることを是とするか否かで，自ずと解決策は定まるでしょう。

(10) 生徒のみなさんに学んでほしいこと

　本授業では，紛争を上手に解決するための技術を多く扱っています。しかし，そのことは決して表面的なハウツーとして受け取られることをよしとするものではありません。そうではなくてむしろ，自分と異なる意見や利害等をもつ相手であっても互いのことを尊重し合うことが紛争解決のエッセンスである，ということを伝えたいと願ってのことなのです。

　紛争を否定的なものとして終わらせるか，肯定的なものとして終わらせるかは，私たち次第です。その際，本授業で学んだことは，大いなる道しるべとなるはずです。

第1時

もめごとを解決するために，
第三者を交えて話し合いをしよう（前半）

1. 本時の目標

1. 人間社会では対立が必ず起きるものであることを踏まえて，話し合いによる自律的な紛争解決と，その話し合いに第三者（調停人）が関わること（調停）の意義を理解する。

2. 「よく聴く」「よく伝える」「人と問題を切り離す」というよいコミュニケーションのための基礎的技法を理解する。

段階	学習活動	指導上の留意点
導入 【5分】	○世の中で起きているもめごとを思い出す。 【ワークシート①②を配布】 ○タロウ，アキラ，テツオの配役とグループ分けを決める。	★身近なものから国際紛争まで社会にはもめごとが溢れていること，誰もがもめごとを経験すること，本授業がもめごとの上手な解決方法を経験することにあることを確認する。 ★ワークシートに沿ってロールプレイすることを説明する。クラス全員に役を担当させる。複数人で一つの役を担当してもよい。 ★必要があれば，話し合いがしやすいように机などを移動する。
展開（1） 【20分】	○「体育館の出来事」を音読する（1）。 ○「もめごと」が起きていることを確認する（2）。 ○もめごとを「話し合いによって合意を形成して自律的に紛争を解決する」ことの意義を理解する（3）。 ○もめごとを解決するための話し合いに，第三者が関わることの意義を理解する（4）。 ○「調停」「調停人」という言葉を理解する（5）。 ○「調停の基本的な進め方」を理解する（6）。	★もめごとは協力の困難や感情の軋轢によるパフォーマンスの低下等をもたらすので解決の必要がある。本件では，気軽かつ柔軟に利用できる話し合いによる解決が望ましい。 ★第三者が関わることで，当事者のコミュニケーションを量的・質的に補ったり，新たな視点を提供して行き詰まりを打開したりといったメリットがある。なお，第三者がタロウ自身である必然性はない（教員，親等）。 ★授業者が板書する。 ★授業者が説明する。この進め方が紛争解決のための話し合いの基本形であり，これからこの進め方に沿ってロールプレイを行うことを頭に入れさせる。
展開（2） 【5分】	（ステップ1） ○「調停と調停人の役割」を音読する（1）。 ○「調停の進め方の説明」を	★まず，全員が互いと手続に対する信頼を醸成し，環境を整え，紛争解決に向けての雰囲気を作ることを説明する。 ★内容は展開（1）の復習を兼ねることになる。 ★内容は展開（1）の「調停の基本的な進め方」と同様。個別

	音読する（2）。 ○「調停への同意」を音読する（3）。	調停を行うなら，その旨の了解を得る。感情の衝突が激しいケース等で有用。 ★調停は任意で行う話し合いなので，手続の実施が当事者の意思に基づくことを確認する。
展開（3） 【15分】	（ステップ2） ○よい話し合いを行うためには，「よく聴く」「よく伝える」「人と問題を切り離す」というコミュニケーションの基礎的技法の活用が重要であることを理解する。	★情報共有の観点から，一方通行ではなく，双方向でコミュニケーションをとることが大切である旨説明するとよい。 ★一人ずつに考えさせたいが，時間との兼ね合いで，指名した生徒に回答してもらい，クラスで共有することも考える。 ★「よく聴く」＝頷き，相槌，アイコンタクト，回答を繰り返す・要約する，質問する，傾聴等。 ★「よく伝える」＝明瞭に話す，落ち着いて話す，話題に正面から応答する，頭で整理してから話す，相手の反応を見る等。 ★「人と問題を切り離す」＝感情的にならない。授業者の誘導が必要になるかもしれないが，必ず触れたい内容である。 ★授業者において，生徒から出た意見を，上記三つの観点でまとめる。
まとめ 【5分】	○本時の学習内容を確認する。 【配役ごとにワークシート③ 〜⑧を配布】 ○アキラ役，テツオ役は，各自の言い分に目を通す。	

第**2**時

もめごとを解決するために，
第三者を交えて話し合いをしよう（後半）

1. 本時の目標

1. 調停の基本的な進め方に則って，「よく聴く」「よく伝える」「人と問題を切り離す」というよいコミュニケーションのための基礎的技法を使いこなせるようになる。
2. 紛争当事者が本当に求めている利害・関心を充たす解決策を創造した上で，効率的かつ公正な合意をして，自律的に紛争解決できるようになる。

段階	学習活動	指導上の留意点
展開（1） 【15分】	（ステップ2（続き）） ○タロウ役は，アキラ役・テツオ役から順番に言い分を聴いて，みなで情報を共有する。	★一方の聴き取りが行われている間，他方は，廊下などの空間的に隔離された別の場所で静かに待機させる。 ★前時で学んだ「よく聴く」「よく伝える」「人と問題を切り離す」を意識して行わせる。
展開（2） 【15分】	（ステップ3） ○各当事者が，表面的に主張・要求している事項と，本当に求めている利害・関心を改めて考え直す。 （ステップ4） ○できるだけ多くの解決策を考案し，表に記入する。 （ステップ5） ○各解決策について満足度，実現可能性を評価し，表に記入する。 ○いかなる解決策を，いかなる順序で提案するか検討する。	★展開（2）は，ステップ1で共有した情報をもとに，それぞれの役ごとに検討を行う。 ★自分が本当に求めている利害・関心が何か明瞭に理解している当事者は驚くほど少ない。調停人の支援のもと，これを再認識することで，紛争解決の糸口が見つかることが多い。 ★当事者が本当に求めている利害・関心を意識しながらブレインストーミングを行う。なお，この段階では，満足度・実現可能性は考慮しなくてよい。創造的アイデアの芽を摘まないため。 ★互いが本当に求めている利害・関心をともに満たすことのできる解決策がないか意識的に検討させる(win-win 交渉)。 ★各人の満足度は，一般的には，便益と費用の差で計量される。その際，本当に求めている利害・関心がどのくらい満たされるのかという点に関する判断が重いウェイトを占める。 ★「合意しない」より満足度の高い解決策があれば，一般的には，合意を成立させることが可能なはず。「合意しない」と枠に記入されているのは，この点に気付いてほしいから。
展開（3） 【10分】	（ステップ6） ○タロウ役は，三者同席で話し合うことの許可をとる(1)。	★話し合いの方式を変更するときには，当事者から許可をとる必要がある。

	○アキラ役とテツオ役は，それぞれ解決策を提案し，効率的かつ公正な合意ができるよう話し合う（2）。	★最善の解決＝効率的かつ公正な解決になるように話し合いを行わせる。
		★効率＝誰の満足度も下げることなくもっとも高い満足度を得られる解決策（パレート最適）
		★公正＝誰もが受け入れることのできる解決策
	○合意できなければ，タロウ役が効率的か公正と考える解決策を提案する（3）。	★調停人からの提案は，基本的に，行き詰まった段階ではじめて行うべきである。
	○合意できたら，成立を○で囲み，その内容と理由を記入する。できなかったら，不成立を○で囲み，タロウの提案した解決策と理由を記入する（4）。	★理由については，上述の「効率」「公正」という観点に着眼しつつ考えさせるとよい。
		★合意できなくても，失敗したという雰囲気にならないように，話し合いをしたことにより，話し合いの前より問題解決に近付いた事項がないかどうか検討させるとよい。
展開（4）【5分】	○話し合いの結果と，その結果に至ったポイント（理由）を発表する。	★発表するグループを授業者が指名する。
		★本当に求めている利害・関心に注目しながら話し合いによって解決すれば，ジャンケン等と異なり，両当事者の満足度の合計が100％を超えることもあることを指摘する（win-win交渉）。合意に至らなかったグループを指名するなら，どのステップに問題があったか意識しながら聞くとよい。
まとめ【5分】	○本時の学習内容を確認する。	★時間が許せば，振り返りシートを別に作り，自己の活動を評価させるとよい。

2. 第1時・第2時　ワークシート①

共通ワークシート

1　体育館での出来事

> 　タロウ，アキラ，テツオは，中学校の同級生です。
> 　ある日の昼休み，タロウが体育館に行くと，アキラとテツオが1個のバスケットボールを取り合ってもみ合いになっていました。アキラは顔を真っ赤にして「俺たちのボールを横取りするな！」と叫び，テツオは負けじと「ボールは俺のものだ」と叫び返しています。

2　体育館で何が起きていますか。

3　アキラとテツオは，これからどのような行動をしたらよいでしょうか。また，その行動をすることでどのようなよいことがありますか。

4　タロウは，これからどのような行動をしたらよいでしょうか。また，その行動をすることでどのようなよいことがありますか。

5　もめごとを解決するために
　　第三者を交えて話し合いをすることを＿＿＿＿＿＿＿＿＿＿＿といい，

　　その第三者のことを＿＿＿＿＿＿＿＿＿＿＿＿＿＿＿＿という。

6　調停の基本的な進め方

> ステップ1：調停の開始―紛争解決に向けた雰囲気を作る
> ステップ2：情報の共有―よいコミュニケーションをする
> ステップ3：問題の再検討―本当に求めている利害・関心は？
> ステップ4：解決策の考案―できるだけ多くアイデアを出す
> ステップ5：解決策の評価―満足度と実現可能性をチェックする
> ステップ6：調停の終　了―効率的で公正な解決は？

3. 第1時・第2時　ワークシート②

ステップ1：調停の開始―紛争解決に向けた雰囲気を作る（三者同席）

1　調停と調停人の役割の説明

> タロウ：僕は，君たちのもめごとを解決するために，調停をしたいと思っているんだ。調停というのは，もめごとを解決するために，第三者である調停人を交えて話し合いをすることを言うんだ。今回は，僕が調停人ということになるね。調停人である僕は，君たちが話し合いをする手伝いをします。もちろん，僕にとって君たちはどちらも同じように大切な友達だから，中立公平に進めていくよ。

2　調停の進め方の説明

> タロウ：話し合いの進め方だけど，僕としては，まず，君たち両方から話を聴く必要があると考えている（ステップ2）。今回は，二人とも冷静に話ができるように，一人ずつ個別に話を聴くのがいいかな。そして事情と君たちが何を求めているのかを確認できたら（ステップ3），どのような解決策がありえるのか（ステップ4），それらの解決策のうち望ましいのはどれか（ステップ5）一緒に考えていきたいと思う。そうして考えた解決策に二人とも納得できたら合意成立，できなければ合意不成立という形で話し合いを終えることになる（ステップ6）。

3　調停への同意

> タロウ：これまで僕が話したことに問題がなければ，話し合いを始めようと思うんだけど，どうかな？
> アキラ・テツオ：うん，文句はないよ。

ステップ2：情報の共有―よいコミュニケーションをする

　よい話し合いをするために，どのようなことに注意すればよいでしょうか。

67

4. 第１時・第２時　ワークシート③

タロウ用ワークシート

ステップ２：情報の共有―よいコミュニケーションをする（続き）
1 アキラの言い分を聴き取りましょう（テツオ退席）。

2 テツオの言い分を聴き取りましょう（アキラ退席）。

3 テツオにアキラの言い分を伝えましょう（アキラ退席）。
4 アキラにテツオの言い分を伝えましょう（テツオ退席）。

ステップ３：問題の再検討―本当に求めている利害・関心は？（三者別々に）
1 アキラは何を求めていますか。

2 それはなぜですか（アキラが本当に求めている利害・関心は？）。

3 テツオは何を求めていますか。

4 それはなぜですか（テツオが本当に求めている利害・関心は？）。

5. 第1時・第2時　ワークシート④

ステップ4：解決策の考案—できるだけ多くアイデアを出す（三者別々に）

　できるだけ多くの解決策を考えて，下の表に記入しましょう。

ステップ5：解決策の評価—満足度と実現可能性のチェック（三者別々に）

　各解決策について，本当に求めている利害・関心（ステップ3）をどれだけ満たすことができるかを踏まえてメリットとデメリットを量り，満足度と実現可能性に点数を記入しましょう（100点満点）。

解決策	アキラの満足度	テツオの満足度	実現可能性
合意しない			

ステップ6：調停の終 了—効率的で公正な解決は？

1　同席の許可（三者同席）

> タロウ：アキラ君もテツオ君ももう冷静に話せそうだから，ここからは，みんなで同席
> 　　　　して話そうと思うんだけど，いいかな。
> アキラ・テツオ：うん，いいよ。

2　アキラとテツオはそれぞれの解決策を提案して，合意できるか話し合いましょう。その際，互いの満足度をできるだけ大きくし（効率的に），かつ，公正な解決にするという観点から話し合いをしましょう。

3　アキラとテツオが提案した解決策で合意できなければ，タロウからタロウが望ましいと考える解決策を提案しましょう。

4　合意できたら成立を○で囲み内容と理由（ポイント）を記入しましょう。できなかったら不成立を○で囲み理由（ポイント）を記入しましょう。

> 合意：　　　　　成立　　　　　不成立
> 内容：
> 理由（ポイント）：

69

6. 第1時・第2時　ワークシート⑤

アキラ用ワークシート

ステップ2：情報の共有―よいコミュニケーションをする

1　次のアキラの言い分をタロウに伝えましょう（テツオ退席）。

> 　いつもは昼休みに体育館には行かないよ。だけど，昨日，隣のクラスのタカシ君，2年生のマサル先輩と三人でバスケットボールをする約束をしたので，今日は，三人で体育館に行ったんだ。
>
> 　体育館では，何組か先に遊んでいて，倉庫のボール入れにはもう1個しか残っていなかった。僕たちがボール入れの前で三人でどうやって遊ぼうかと話してたら，突然後ろからテツオ君が来て，最後のボールを取ろうとしたんだ。思わず僕が「それは俺たちが使おうとしてたんだ」と言うと，テツオ君が「うるさい，俺がいつも使ってるんだ」と怒鳴ってきた。それで僕も頭にきて，テツオ君にボールを取られまいとつかみかかってしまったんだ。
>
> 　テツオ君とは，特に仲がいいわけでも嫌っているわけでもなかったよ。
>
> 　僕たちは，これから三人でバスケットボールを続けていきたいと思ってたんだ。テツオ君は一人だけど，僕たちは三人もいるんだから，僕たちが使う方が有意義だと思う。先輩もいたし，そこは先輩を立ててほしい。

2　タロウがテツオの言い分を聴き取りします（アキラ退席）。

3　タロウがテツオにアキラの言い分を伝えます（アキラ退席）。

4　テツオの言い分をタロウから聴き取りましょう（テツオ退席）。

ステップ3：問題の再検討―本当に求めている利害・関心は？（三者別々に）

1　アキラは何を求めていますか。

2　それはなぜですか（アキラが本当に求めている利害・関心は？）。

3　テツオは何を求めていますか。

4　それはなぜですか（テツオが本当に求めている利害・関心は？）。

7. 第1時・第2時　ワークシート⑥

ステップ4：解決策の考案―できるだけ多くアイデアを出す（三者別々に）

できるだけ多くの解決策を考えて，下の表に記入しましょう。

ステップ5：解決策の評価―満足度と実現可能性のチェック（三者別々に）

各解決策について，本当に求めている利害・関心（ステップ3）をどれだけ満たすことができるかを踏まえてメリットとデメリットを量り，満足度と実現可能性に点数を記入しましょう（100点満点）。

解決策	アキラの満足度	テツオの満足度	実現可能性
合意しない			

ステップ6：調停の終了―効率的で公正な解決は？

1　同席の許可（三者同席）

> タロウ：アキラ君もテツオ君ももう冷静に話せそうだから，ここからは，みんなで同席
> 　　　　して話そうと思うんだけど，いいかな。
> アキラ・テツオ：うん，いいよ。

2　アキラとテツオはそれぞれの解決策を提案して，合意できるか話し合いましょう。その際，互いの満足度をできるだけ大きくし（効率的に），かつ，公正な解決にするという観点から話し合いをしましょう。

3　アキラとテツオが提案した解決策で合意できなければ，タロウからタロウが望ましいと考える解決策を提案しましょう。

4　合意できたら成立を○で囲み内容と理由（ポイント）を記入しましょう。できなかったら不成立を○で囲み理由（ポイント）を記入しましょう。

> 合意：　　　　　成立　　　　　　　不成立
> 内容：
> 理由（ポイント）：

8. 第1時・第2時　ワークシート⑦

テツオ用ワークシート

ステップ2：情報の共有―よいコミュニケーションをする

1　タロウがアキラの言い分を聴き取りします（テツオ退席）

2　次のテツオの言い分をタロウに伝えましょう（アキラ退席）。

> 　僕は，バスケットボール部のまだ補欠だけど，レギュラーになりたいから，時々，昼休みに体育館に行って，一人でフリースローなんかの練習をしていたんだ。誰かとチームを組んでやれたらもっと楽しいかもしれないけれど，今のところ誘えそうな友達はいない。
>
> 　今日の昼休みも，体育館に行って倉庫にボールを取りに行ったら，アキラ君と隣のクラスのタカシ君，見たことのない上級生っぽい人の三人がふざけながら雑談していた。ボール入れを見たら1個だけ残っていたので，僕はそのボールに手を伸ばしたんだ。すると，アキラ君が「それは俺たちのボールだ」と怒鳴ってきたんだ。僕もカッとなって「僕が先に取ったんだ」と言い返した。そしたら，アキラ君がつかみかかってきたんだ。
>
> 　アキラ君とは，これまで特に仲がよかったわけじゃないけど，嫌いだったわけでもない。今回のことも別に気にはしていないけど，バスケットボールの練習はやめたくないよ。

3　アキラの言い分をタロウから聴き取りましょう（アキラ退席）。

4　タロウがアキラにテツオの言い分を伝えます（テツオ退席）。

ステップ3：問題の再検討―本当に求めている利害・関心は？（三者別々に）

1　アキラは何を求めていますか。

2　それはなぜですか（アキラが本当に求めている利害・関心は？）。

3　テツオは何を求めていますか。

4　それはなぜですか（テツオが本当に求めている利害・関心は？）。

9. 第1時・第2時　ワークシート⑧

ステップ4：解決策の考案—できるだけ多くアイデアを出す（三者別々に）

　できるだけ多くの解決策を考えて，下の表に記入しましょう。

ステップ5：解決策の評価—満足度と実現可能性のチェック（三者別々に）

　各解決策について，本当に求めている利害・関心（ステップ3）をどれだけ満たすことができるかを踏まえてメリットとデメリットを量り，満足度と実現可能性に点数を記入しましょう（100点満点）。

解決策	アキラの満足度	テツオの満足度	実現可能性
合意しない			

ステップ6：調停の終了—効率的で公正な解決は？

1　同席の許可（三者同席）

> タロウ：アキラ君もテツオ君ももう冷静に話せそうだから，ここからは，みんなで同席
> 　　　　して話そうと思うんだけど，いいかな。
> アキラ・テツオ：うん，いいよ。

2　アキラとテツオはそれぞれの解決策を提案して，合意できるか話し合いましょう。その際，互いの満足度をできるだけ大きくし（効率的に），かつ，公正な解決にするという観点から話し合いをしましょう。

3　アキラとテツオが提案した解決策で合意できなければ，タロウからタロウが望ましいと考える解決策を提案しましょう。

4　合意できたら成立を○で囲み内容と理由（ポイント）を記入しましょう。できなかったら不成立を○で囲み理由（ポイント）を記入しましょう。

> 合意：　　　　　　成立　　　　　　不成立
> 内容：
> 理由（ポイント）：

73

No.5 ◎社会／○特別活動／道徳，総合的な学習の時間

ソレイユ国物語

―権力の正当性とそのコントロール―

1. 授業の目標

1. 権力と法について受動的・否定的な見方から主体的・肯定的な見方へと転換した上で，権力と法による力の行使が正しいか否かは正当化理由（権威）の有無で区別され，その理由について，現代社会では，民主主義による正当化がとりわけ重要であることを理解する。
2. 民主主義に基づいて選んだ正当な権威ある権力であってもなおコントロールする必要性があることを理解し，そのための具体的な方法について，問題が起きないように予防するための方法・問題が起きたときに正すための方法という枠組と関連付けながら，自由な発想で考案できるようになる。
3. 自らが権力や法を作り活用する主体であるという意識をもつことを通じて，積極的に公共の問題に関わっていこうとする態度を育む。

2. 授業の構成

■第1時
架空の国の事例を通じて，権力をもつ根拠について考える。

■第2時
架空の国の事例を通じて，権力をコントロールする方法について考える。

3. 授業の解説

(1) 権力についての二つの見方－主体と客体，自由と強制

　権力という言葉を，心地よいものとして聴く人は多くないでしょう。きっと，暴力やお金の力で意に反することを強制される姿を思い浮かべる人がほとんどなのではないでしょうか。

　このイメージを学問的に表現すると，M. ウェーバーの「他者の抵抗を排してまで自己の意思を貫徹するすべての可能性」という定義がぴったり当てはまります。それは，自らを権力によって強制される客体としてとらえる見方，あるいは，権力を自由と対立関係にあるものとしてとらえる見方といってよいでしょう。

74

こうした権力観は，典型的には国王が絶対的権力をもつ専制国家が該当します。唯一の権力者である国王は軍隊等を用いて国民を意のままに取り締まり，国民はひたすら服従するのです。

しかし，今日の民主主義社会（ないし国家）にあっては，こうした権力に対する見方はすこし改める必要がありそうです。

なぜなら，私たちは，今や権力をもち，かつ利用する主体となったからです。こうした社会では，権力は，公共工事や公衆衛生，医療福祉，生活保障，教育事業といった一人ではなし得ない社会全体の目標をみなで協同して実現するために行使されます。これは，権力を自由と対立するものとしてではなく，自由を可能にするものとしてとらえる見方といってよいでしょう。

私たちは一人ひとりみな意見や価値観，利害を異にしています。こうした個人が集まって社会集団を形作っている以上，対立は避けられないのであり，社会集団としての意思を決定するためには，他者を自己の意思に従わせる必要があります。ここに私たちが権力を必要とする理由があります。そして現代の民主主義社会にあっては，権力は，誰か特定の支配者のためではなく，構成員全員の福利増進を目的として協同で行使されるべきものです。つまり，民主主義社会における権力は，強制という側面と協同という側面をともに持ち合わせているのです。

そうすると，権力に関する見方のどちらか一方が誤りというわけではなく，どちらも正しいというべきなのでしょう。現代の私たちが権力と上手に付き合っていくためには，主体と客体，自由と強制という権力の二面性を正しく理解することが不可欠です。

(2) 法についての二つの見方－主体と客体，自由と強制

法という言葉も，同様に，多くの人にとって響きのよいものではないでしょう。おそらくもっともステレオタイプなイメージは，「～してはならない」とか「～しなければならない」という表現に代表される，義務を課して自由を抑圧するというそれでしょう。

確かに，歴史的に，法は，前述の権力の強制性と深く結び付き，その違反に対して強制的サンクションを発動することで，社会秩序を維持するという機能を果たしてきました（社会統制機能）。そのため，専ら，法を，自由を制限する禁止・命令規範としてとらえる見方，あるいは，自らを法によって強制される客体としてとらえる見方が広く行き渡ることになりました。

しかし，民主的な考え方が定着した現代では，こうした法に対する見方も少し変える必要がありそうです。

なぜなら，第一に，今日の私たちは，法を作り，かつ活用する主体だからです。

第二に，そうであるとすれば，私たちが民主的プロセスを経て作る法は，社会全体の目標をみなで協同して実現するために必要な機能を果たすからです。すなわち，上述の社会統制機能の他，人々が自分なりの目標や利益を実現しようとして活動する上で自主的に準拠すべき行為の指針と枠組を提供して，私人間の自主的活動を予測可能で安全確実なものにするという機能（活動促進機能），一定の政策目的からなされる経済活動の規制，生活環境の整備，教育・公衆衛生などに関する各種公共的サービスの提供，社会保障，各種の保険や租税による所得の再分配等をするという機能（資源配分機能），及び，一般的な法的基準により権利義務関係をでき

75

る限り明確に規定して紛争の予防に努めるとともに，紛争が発生した場合に備えて法的紛争解決基準と手続きを整備するという機能（紛争解決機能）です。

これらの機能を有する法は，「～できる」「～してよい」といった表現に象徴されるように，権利能力を付与して自由を可能にするものといってよいでしょう。

現代に生きる私たちは，自らを，法的な規制・保護を受ける客体としてだけでなく，自由な生き方・自由な社会を実現するために，法を作り，かつ活用する主体としてとらえる見方をともに持ち合わせなければなりません。

⑶ 権威（正当性）の必要性

以上に加えて，権力や法の問題を考える上では，正当な権威ある権力・法と，権威なき単なる暴力・一方的命令を区別することが重要です。

両者はともに強制を伴う点で共通します。しかし，前者は，力の行使が正当化される理由（これを「権威」と言います。「権威」は多義的概念ですが，以下では，文中の意味で用います。なお，「正当性」ではなく「正統性」とする用法もあります）をもっているのに対して，後者はもっていないという点で決定的に異なります。

何がその理由となるかは，時代や地域，文化等によって一様ではありませんが，M. ウェーバーは，カリスマ性（卓越した能力），伝統（慣習，血縁），合法性（内容が正しいこと，正しい手続きを踏んでいること，自らが同意したこと）の三つに整理しました（なお，（　）は筆者）。

カリスマ経営者とか村伝統の祭りといった例を挙げるまでもなく，これら三つの理由は，今なお通用しています。しかし，何といっても今日重要なのは，合法性の理由です。私たちは，民主主義（正しい手続を踏んでいること，自らが同意したこと）に基づいて，権力や法の主体としてこれらに正当性を与えることができるのです。

権力や法が権威をもてば，私たちは，強制されなくても自発的にこれに従うようになり，社会は安定します。その意味でも，権威は重要な概念ということができます。

⑷ 権威ある正当な権力であってもコントロールしなければならないこと

さて，権力をもつ人・組織（以下「権力者」といいます。法を作る人・組織もこれに含まれます）をみんなで選んだとしても，権力者が与えられた権力の使い方を誤れば人々の自由は侵害されます。また，幸いにも権力者がよかれと思って活動してくれたとしても，それが本当にみんなのためになるとは限りません。「彼らが自由なのは，議員を選挙する間だけのことで，議員が選ばれてしまうと，彼らは奴隷となる」というルソーの言葉を引用するまでもなく，選びっぱなしでは駄目で，権威ある正当な権力であっても絶えずコントロールすることが大切です。

⑸ 権力をコントロールするための具体的な方法

では，具体的にどのようにして権力をコントロールすればいいでしょうか。以下，代表的な

方法を示しますが，日本国憲法をヒントにすると考えやすくなるでしょう。憲法は，国家権力の暴走から国民の自由を守るために定められた国家の最高法規だからです。

問題が起きないように予防するための方法	問題が起きたときに正すための方法
ふさわしい人を権力者に選ぶ 　国民主権（前文，1），選挙権（15） 　普通選挙でできるだけ多くの民意反映 権力者の対抗勢力を作り監視・競争させる 　政党政治 意見を権力者に伝える・社会に発信する 　表現の自由（21）の行使 　　署名，ビラ，デモ，集会，結社， 　　SNS，ウェブメディア 　　マスコミ，パブリックコメント 請願権（16），ロビー活動，国民投票 権力者が守るべきルールを決める（憲法） 　最高法規（10章） 　人権の保障（3章） 　　表現の自由（21） 　　営業の自由（22）財産権（29） 　　適正手続, 罪刑法定主義（31） 　　裁判を受ける権利（32） 任期を定める（45，46） ルールを作る人（立法），実行する人（行政）， 判断する人（司法）を分けて牽制させる 　三権分立（41，65，76） 税金に国民の同意を必要にする 　租税法律主義（84） 税金を決める人と使う人を分ける	権力者を辞めさせる 　国民主権（前文，1），選挙権（15） 　最高裁裁判官の国民審査（79） 　リコール制 権力者に意見を伝える・社会に発信する 　同左 ルールが正しいか，ルール通り実行されているかを審査できるようにする 　違憲立法審査権（81），司法権（76） 税金の使い方を監督する人を設ける 　会計検査院 ※（　）は日本国憲法の条文

⑹ 生徒のみなさんに学んでほしいこと

　日本国憲法前文には，次のように書かれています。

　「そもそも国政は，国民の厳粛な信託によるものであつて，その権威は国民に由来し，その権力は国民の代表者がこれを行使し，その福利は国民がこれを享受する。これは人類普遍の原理であり，この憲法は，かかる原理に基くものである。」

　本教材で学習した生徒のみなさんは，きっとその意味するところを明瞭に理解できるようになっているはずです。そして権威という概念が前よりずっと身近なものになっているはずです。

第**1**時

ソレイユ国物語Ｉ
～権力と法に正当性を与える～

1. 本時の目標

1. 権力と法について，受動的・否定的な見方から主体的・肯定的な見方へと転換する。

2. 権力と法による力の行使が正しいものとなるか否かは正当化理由（権威）の有無で区別され，その理由について，現代社会では，民主主義による正当化がとりわけ重要であることを理解する。

段階	学習活動	指導上の留意点
導入 【5分】	○「権力」と「法」のイメージを思い浮かべて，発表する。	★自己を客体とする認識，強制し自由を侵害するものという認識をもっていることが多い。 ★本時では，権力と法について考えるという授業の概略を紹介する。
展開（1） 【10分】	【ワークシート①～④を配布】 （初代ソレイユ王の時代） ○初代ソレイユ王は，「武力（卓越した能力，カリスマ）」によって「権力」を得たことに気付く。 （第20代ソレイユ王の時代） ○第20代ソレイユ王は，「血縁伝統，慣習」によって「権力」を得たことに気付く（1, 2）。 ○よい政治をしなかったから退位させられたことに気付く（3）。 ○国民は「自由」を手に入れたことに気付く（4）。	★生徒が設例中の事実をそのまま取り上げるときは，教員が，「他者の行動に影響や統制を与える力のことを権力という」とまとめる。ちなみに，設例との関係では，「おきてを定めること」を立法権，「国民を働かせて城を築くこと」を行政権，「国民を処罰すること」を司法権として例示している。 ★武力，血縁に基づく権力の危険性に触れること。 ★ただし「好き勝手にする」という意味での自由である。みんなが好き勝手にすることが，実は不自由であることは次の問いで明らかになる。
展開（2） 【10分】	（国王のいない国） ○困ったことが起きたのは「権力がないから」であることを理解する（1）。 ○困ったことが起きないようにするには「みんなで権力と法を作ればよい」ことを	★Ａ：ゴミ捨て禁じる法なし，清掃人なし 　Ｂ：修理する人を決める法なし，修理人なし 　Ｃ：盗み禁じる法なし，警官・裁判官なし 　Ｄ：裁判手続を定める法なし，裁判官なし ★前問をヒントに，権力（具体的には，立法権・行政権・司法権の三権）と法が必要であることを導く。

78

	理解する（2）。	
展開（3） 【20分】	（ブランシュ大統領の選任） ○ブランシュ大統領は，「国民みんなで選んだこと（民主主義）」によって「権力」を得たことを理解する（1，2）。	★武力，血縁に基づく権力との対比で，権力者をみんなで選ぶこと（民主主義）を導く。
	（ブランシュ大統領の政治） ○「国王のための法」から「国民みんなのための法」に変わったので，国民が幸福になったことを理解する（1）。	★生徒は設例中の事実をそのまま回答すると思われるが，以下の通り掘り下げるとよい。ソレイユ国のおきてとソレイユ国のルールは，国王が作るか国民みんなの代表者が作るか，禁止・命令規範のみか権能付与規範も含むか，社会統制機能のみか活動促進機能・資源分配機能・紛争解決機能も含むかという点で異なることを確認し，「国王のための法」から「国民みんなのための法」に変わったので幸福になったとまとめる（もちろん，「○○機能」等の法律用語を覚える必要はない）。
	○権力をもった理由が，それぞれ武力・血縁・民主主義と違うので，国民の幸福が違うことを理解する（2）。	
まとめ 【5分】	○ワークシート④のポイントに「みんなで選ぶ」「正当性」と記入する。	★板書する。

2. 第1時・ワークシート①

ソレイユ国物語Ⅰ
〜権力と法に正当性を与える〜

1 初代ソレイユ王の時代

> 昔あるところに，ソレイユ国という国がありました。
>
> ソレイユ国では，長らく戦いが続いていましたが，あるとき，初代ソレイユ王が武力で国を統一しました。
>
> ソレイユ王は，おきてを定めることも，国民を働かせて城を築くことも，国民を処罰することも，何でも思い通りにすることができました。
>
> ソレイユ王が定めたソレイユ国のおきては次のとおりです。
>
> | ソレイユ国のおきて |
> |---|
> | 第1条　盗んではならない。暴力を振るってはならない。町を汚してはならない。 |
> | 第2条　国王の許可を得ていない者は，市場で商売をしてはならない。 |
> | 第3条　国民は収入の30％を税金として納めなければならない。 |
>
> 国民は，不自由ではありましたが，規律正しく暮らしていました。

（1）初代ソレイユ王はどのような力をもっていましたか。

（2）なぜ，初代ソレイユ王はその力をもつことができたのですか。

3. 第1時・ワークシート②

2　第20代ソレイユ王の時代

> それから300年，第20代ソレイユ王は，第3条を次のように改め，税金を高くしました。
>
> > 第3条　国民は収入の <u>50%</u> を税金として納めなければならない。
>
> そのお金で，ソレイユ王は，巨大な王宮や宝石を散りばめた服を作る等して，ぜいたく三昧の生活をしました。
>
> その結果，国は荒れ果て国民は食べるものにも困るようになりました。ある日，とうとう国民は不満を爆発させ，王宮を取り囲み，ソレイユ王を退位させてしまいました。
>
> ソレイユ国から国王はいなくなり，国民は，誰からも禁止や命令されることなく，自分の考えで好きなように生活できるようになりました。

(1) 第20代ソレイユ王はどのような力をもっていましたか。

(2) なぜ，第20代ソレイユ王はその力をもつことができたのですか。

(3) なぜ，第20第ソレイユ王は退位させられたのですか。

(4) 国王がいなくなって，国民にはどのようなよいことがありましたか。

4. 第1時・ワークシート③

---

3 国王のいない国

> ソレイユ国から国王がいなくなって，国民はみな自由に生活していました。ところが，しばらくすると次のような困ったことが起きてきました。

国民A：みんな好き勝手にゴミを捨てるものだから，町が汚くなってしまった。

国民B：橋が壊れても，いつまでも修理されないので，みんな困っているよ。

国民C：万引き犯が増えちまった。なのに，犯人を捕まえて処罰してくれる人がいないんだ。

国民D：もめごとが起きても，どっちが正しいか判断してくれる人がいないから，いつも力が強い方が勝つんだ。

（1）なぜ，このような困ったことが起きたのですか。

（2）どうしたら，このような困ったことを解決できますか。

4 ブランシュ大統領の選任

> ソレイユ国の国民は，「大統領」という名のリーダー1名を選挙で選び，その大統領に国のことを全てやってもらうことにしました。
> 選挙では，ブランシュさんが大統領に選ばれました。

（1）ブランシュ大統領はどのような力をもっていますか。

（2）なぜ，ブランシュ大統領はその力をもつことができたのですか。

5. 第1時・ワークシート④

5　ブランシュ大統領の政治

ブランシュ大統領は，ソレイユ国のルールを次のように定めました。

ソレイユ国のルール
第1条　盗んではならない。暴力を振るってはならない。町を汚してはならない。
第2条　誰でも，市場で自由に商売をしてよい。
第3条　国民は，収入の10％を税金として納めなければならない。
第4条　大統領は，毎週金曜日，税金を使ってゴミを収集し処分する。
第5条　大統領は，道路や橋などの国民みんなが使う施設を，税金を使って建設・修理する。
第6条　国民は，国民の間でもめごとが起きたときは，大統領に対し，双方の言い分を聞いた上で，どちらが正しいか判断を求めることができる。
第7条　大統領は，パトロール隊を組織して，このルールに違反した人を逮捕し処罰する。

ブランシュ大統領が，ルールを定めると，盗みはほとんどなくなり，町もきれいになりました。商売をする人が増えて町は活気にあふれてきました。橋は税金で修理されました。道路も充実していきました。もめごとは，力の強さではなく，言い分の正しさで解決されるようになりました。

(1) ブランシュ大統領を選任してどのようなよいことがありましたか。ソレイユ国のおきてとソレイユ国のルールで変わった点に着目して考えましょう。

(2) 初代ソレイユ王，第20代ソレイユ王，ブランシュ大統領は，同じように権力をもっていましたが，なぜ国民の幸福が違うのでしょうか。三人がそれぞれ権力をもつことになった理由に着目して考えましょう。

ポイント
権力をもつ人，法を作る人を＿＿＿＿＿＿＿＿＿＿（民主主義）から，
その人がもつ権力・作る法は，＿＿＿＿＿＿＿＿＿＿（権威）をもつ。

83

第**2**時

ソレイユ国物語Ⅱ
～正当な権力であってもコントロールする～

1. 本時の目標

1. 民主主義に基づいて選んだ正当な権威ある権力であってもなおコントロールする必要性があることを理解する。
2. 権力をコントロールするための具体的な方法について，問題が起きないように予防するための方法・問題が起きたときに正すための方法という枠組みと関連付けながら，自由な発想で考案する意欲をもつ。

段階	学習活動	指導上の留意点
導入 【5分】	○前時の学習内容を確認する。	★ブランシュ大統領は，国民が選んだ大統領＝正当な権威ある権力者であることを確認する。
展開（1） 【15分】	【ワークシート①②を配布】 ○設例を音読する。 ○ソレイユ国が不幸な国になった原因＝大統領の問題行動（権力の暴走）を許した原因について，まず個人で考え，次にグループで考え，発表する。	★ブランシュ大統領としては善政のつもりで芸術振興しているが，それが独りよがりになっている点を指摘し，大統領の権力をコントロールする必要性があることに気付く。 ★いきなり原因を考えることが難しければ，前段階として，ブランシュ大統領の行動の中から問題ある部分を抜き出し，設例中の該当部分に下線を引く作業をさせるとよい。 （大統領の問題行動例） ・ノワールに高額な給与を払っている。 ・税金を文化施設建築にばかり使って，道路・橋などに回さなくなった。 ・芸術振興予算を増やすために増税した。 ・多額の寄付をしないと商売できなくした。 ・大統領を批判してはいけないというルールを付け加えた。 ・気に入らない人を「大統領を批判した」と言いがかりを付けて処罰した。 ★次いで，大統領の問題行動を許した原因を考えさせる。 （問題行動の原因例） ・大統領がルールを決定し，実行する権限や処罰する権限を有しているので，ルールを好きなように変更できてしまう。 ・大統領を監督する人がいない。 ・大統領を辞めさせるルールがない。 ・大統領の責任を問うルールがない。 ・大統領が定めるルールの限界が決まっていない。 ★権力者を選んだ後も絶えずコントロールする必要がある旨総括し，展開（2）へつなぐ。

展開（2） 【25分】	○大統領の問題行動（権力の暴走）を許さないための方法（仕組みやルール，活動等）について，問題が起きないように予防するための方法，問題が起きたときに正すための方法に分けて考える。まず個人で考え，次にグループで考え，発表する。	★展開（1）で検討した大統領の問題行動を許した原因をヒントに，それらを克服するためにはどのような仕組みやルール，活動等があればよいか考える。 ★特定の国などに実在する仕組みやルール，活動等に限定して考える必要はない。実在する制度だけを探しはじめると，知識の正誤を確認するだけの「小さな授業」になってしまう。例えば，日本国憲法だけに視野を狭めて考えると，ブランシュ大統領を国民が直接罷免するというアイデアは出にくくなってしまう。むしろ，自分たちなりに自由に考えることこそが，この授業でもっとも伝えたいことを直截に伝える「大きな授業」につながるはずである。 ★その反面，アイデアが活発に出ないようならば，議論のとっかかりとして日本国憲法をヒントにするのは有用である。
	○ワークシート②のポイントに「コントロール」と記入する。	★板書する。
まとめ 【5分】	○本時の学習内容を確認する。	★日本国憲法前文「〜権威は国民に由来し〜」の意味を授業の最後の言葉にするのもよい。

2. 第2時・ワークシート①

ソレイユ国物語 II
～正当な権力であってもコントロールする～

1 芸術家ノワールの登場

> ある日，隣の国からやってきた芸術家ノワールが，ブランシュ大統領に「ソレイユ国は道路や橋ばかり整っていて，芸術はまったくダメです。先進国になるには，芸術を発展させねばなりません」と訴えかけました。
>
> すっかり影響されたブランシュ大統領は，美術館や音楽堂を次々と建築して，国民に無料で利用させました。また，高額の給料と引き換えに，ノワールに大臣になってもらいました。

2 増税と生活への影響

> ところが，ブランシュ大統領は，ノワールの芸術振興策ばかり採用するので，道路や橋などにお金が回らなくなり，多くの国民が不便を強いられるようになりました。
>
> のみならず，ブランシュ大統領は，さらに芸術振興予算を増やすために，第2条と第3条を次のように改めました。

> 第2条　**国に多額の寄付をしなければ，市場で商売をしてはならない。**
> 第3条　国民は収入の**50%**を税金として納めなければならない。

> 悪いことに，このようにして国民から集めるお金を増やすと，国の経済は大不況に陥ってしまい，国民は食べるものにも困るようになりました。

3 国民の取り締まり

> 不満を爆発させた国民は，大勢で大統領官邸に詰めかけて，一斉に大統領を批判しました。しかし，ブランシュ大統領は，「私の考えに反対する国民がいると国のためにならない」と考え，第1条に次の内容を付け加え，自分に反対する国民を次々と処罰していきました。

> 第1条　盗んではならない。暴力を振るってはならない。町を汚してはならない。
> 　　　　**大統領を批判してはならない。**
> 第7条　大統領は，パトロール隊を組織して，このルールに違反した人を逮捕し処罰する。

> また，大統領を批判していない国民でも，自分が気に入らなければ，「大統領を批判した！」と言いがかりをつけて処罰していきました。

4 かつて幸福だったソレイユ国。今では自由にものも言えず，高い税金と不便な生活に苦しまなければならない不幸な国になってしまいました。

3. 第2時・ワークシート②

（1）ソレイユ国が不幸な国になったのは，どこに問題があったからですか。

（2）このような問題が起きないようにするために，どのような方法（仕組みやルール，活動等）が考えられますか。問題が起きないように予防するための方法，問題が起きたときに正すための方法に分けて考えましょう。

問題が起きないように 予防するための方法	問題が起きたときに 正すための方法

ポイント
権力をもつ人，法を作る人が，みんなで選んだ正当な代表であっても，
暴走しないように，絶えず＿＿＿＿＿＿＿＿＿＿しなければならない。

87

No.6 ◎社会／○総合的な学習の時間，特別活動／国語，道徳

本町夏祭り 出店のルールを考えよう！
―ルールを作り，評価する―

1. 授業の目標

1. 共生のための相互尊重のルールとしての法の必要性と機能を理解する。

2. 状況の変化に応じてルールを作る（または作り変える）という柔軟な思考を身に付けた上で，①目的が正当であること，②手段が相当であること，③内容が公正であること，④手段が公正であること，⑤表現が明確であることというよいルールの五つの条件を用いてルールを批判的に評価しながら，自分とは意見を異にする他者とコミュニケーションをとって望ましいルールについての合意を形成し，その内容を文章にして表現する。

3. ルール作りの体験を通じてルールを身近なものと感じることで，ルールに対する肯定的・動態的・主体的な認識を形成し，公共的な事柄に参加する民主主義の精神と，自分たちが作ったルールを積極的に守ろうとする規範意識を育む。

2. 授業の構成

■ 第1時
　本町夏祭り 出店のルールを考えよう① ～よいルールの条件を考える～

■ 第2時
　本町夏祭り 出店のルールを考えよう② ～ルールを作り，評価する～

3. 授業の解説

(1) 法の必要性と機能－法を肯定的にとらえる

　社会あるところ法あり，古くからの法格言はこう言います。

　人間は，他者との関わりなしに生きられない社会的動物です。しかしその一方で，人間は，一人ひとりみな意見や価値観，利害を異にする存在でもあります。このような私たちが一つの社会を形作って共に生きていく以上，摩擦や紛争を避けることはできません。

　そこで，多様な存在である私たちが，それぞれの考え方や生き方を相互に尊重し合いながら，利害を調整したり協力し合ったりして，安心円滑に豊かな共同生活を営むための手段として，

法は，私たちの生活にとってなくてはならないものです（なお，「法」は，家庭や学校，地域等におけるルールも包含する広い概念であり，国会の制定する「法律」に限定されるものではありません。教材中では，生徒にとって身近な表現として単に「ルール」と言い表しています）。社会があるということと，法があるということは表裏の関係にあるといってよいでしょう。

ところが，このような法の重要性にもかかわらず，多くの人が，法に対して，自由を束縛するものとか権力によって強制されるものといった否定的イメージをもっているのが現実です。

しかし，こうしたイメージは間違っているといわざるをえません。なぜなら，法は，次に述べるような有用な機能を社会の中で果たし，私たちの生活を豊かなものにする存在だからです。

第一に，法は，法的逸脱に対し公的な強制的サンクションを課すことによりこれを抑止するとともに，こうした強制的な社会的統制作用それ自体が公権力の恣意に陥ることのないよう法的にコントロールする機能を果たしています（社会統制機能）。

第二に，法は，人々が自分なりの目標や利益を実現しようとする上で自主的に準拠しなければならない行為の指針と枠組みを提供し，私人間の自主的活動を予測可能で安全確実なものとする機能を担っています（活動促進機能）。

第三に，法は，経済活動の規制，生活環境の整備，教育・公衆衛生等に関する各種公的サービスの提供，社会保障，各種の保険や租税による所得の再分配などの重要な手段としての機能を有しています（資源配分機能）。

第四に，法は，一般的な法的基準により権利義務関係をできる限り明確に規定して紛争の予防に努めるとともに，具体的な紛争が発生した場合に備えて法的紛争解決の基準・手続を整備する機能をもっています（紛争解決機能）。

私たちが法的問題を考えるに際しては，法を肯定的なものとしてとらえる正しい認識を検討の出発点にすえなければなりません。

(2) 法の制定・適用・改廃プロセスと私たちの関わり方－法を動態的・主体的にとらえる

上と同様に，法に対するありがちで誤ったイメージに，法を変化することのない静態的なものとしてとらえる見方，自らを専ら法による規制や保護の客体としてとらえる見方があります。

しかし，現実の社会では，状況や価値観は絶えず変化していますから，これと表裏の関係にある法の方もあわせて変化していかなければ，法は豊かな共同生活を営むための手段たり得なくなります。私たちは，状況や価値観の変化にともなって，制定・改廃される動態的なものとして法をとらえる必要があります。

また，自由で民主的な社会（ないし国家）にあっては，私たち一人ひとりが，それぞれがよいと考える生き方や正しいと考える社会を追求・実現するために，必要に応じて法を制定・改廃し活用する主体となります。したがって，私たちは，法の制定・適用・改廃プロセスに関わる主体として自分自身をとらえなければなりません。

この法の制定・適用・改廃プロセスに私たちがどのように関わるかというと，典型的には，①現在の法（または法が存在しない状態）を批判的に評価する，②評価の結果，問題があれば，

89

表現活動等を通じて社会に問題提起して法の制定・改廃のきっかけを作る，③法の制定・改廃手続が始まったら，選挙やロビー活動等を通じてこれに関わり自らの意見を反映させる，④法が制定・改廃されたら，自らが制定・改廃に関わった新たな法（または法が存在しない状態）の適用を受けて，これを守ると同時に，あらためてこれを批判的に評価する，⑤新たな法の評価の結果，問題があれば，表現活動等を通じて社会に問題提起してさらなる法の制定・改廃のきっかけを作る（以下，繰り返し）というものになるでしょう。

(3) 法に対する批判・評価の必要性と，法が備えるべき五つの条件

　上で確認した通り，私たちが，法の制定・適用・改廃プロセスに主体的に関わっていくにあたっては，法を批判的に評価することが欠かせません。

　では，私たちは，どのような判断基準に基づいて，法を評価すればよいでしょうか。よい法といえるためには，少なくとも次の五つの条件を備えている必要があります。

(1) 目的が正当であること

　第一に，法の目的が正当でなければなりません。

　法は，目的とそれに対する手段としての性格を有する点に特徴があります。私たちは，ある事実や事態に直面し，これに何らかの対応をする必要性を感じて初めて法を作ります。これを評して，ドイツの法学者イェーリングは，目的が全ての法の創造者であると言いました。

　何が法の目的となるかは，道徳的・政治的・経済的な目的はもちろん，法的安定性それ自体が目的となることもある等，実に多様ですが，いずれにしろ，上述の法の社会統制機能，活動促進機能，資源配分機能，紛争解決機能を踏まえたものとなるでしょう。

　ただし，前述の通り，法は共生のための相互尊重のルールですから，他人に損害を加えたり嫌がらせしたりすることを目的とするような法が正当でないことは当然です。

　また，例えば，ゴミ回収ルールを制定する場合のゴミ問題の発生といったような，法を制定する場合の基礎を形成し，かつ，その合理性を支える一般的事実，すなわち，社会的・経済的・政治的または科学的な事実（立法事実）が存在しない法は，ルールが必要になった事実自体が存在しないということですから，この場合も目的が正当であるとはいえません。

(2) 手段が相当であること

　第二に，法の目的を実現するための手段が相当なものでなければなりません。

　上記の通り，法は，目的とそれに対する手段としての性格を有していますから，手段が実現可能なものであること，法の目的達成のために有効なものであること，禁酒法のようにほとんどの人が守ることができない・守る気になれないようなものではないこと等が必要です。

　また，法は，共同生活で生じる摩擦や紛争を調整するためのルールですから，法を定めるということは，これにより制限される権利や利益が存在することを意味します。したがって，法による権利や利益の制限が正当なものと認められるためには，手段が目的を達成するための必要最小限のものであることや，より制限的でない他の選びうる手段がないこと等が必要です。

(3) 内容が公正であること

第三に，法の内容が公正でなければなりません。

法は，究極的には，正義の実現を目的とするものですから，配分的正義，匡正的正義，手続的正義（なお，ここでは，その法の中で定めている手続の内容が公正であることという意味。その法を定めるときの手続が公正であることについては後述）等の要請を満たす公正なものであることが必要です。

殊に，立場が変わってもその法を受けいれられることは重要です。法は共生のための相互尊重のルールですから，一部の人にだけ過度に負担がかかるものであってはなりません。

また，法が，他の法規と整合性を有していることも必要です。

⑷ 手続が公正であること

第四に，法を定める手続が公正でなければなりません。

法は，構成員全員の利害に影響を及ぼしますから，構成員全員の関与のもとで，十分な手続きを尽くして制定・改廃されなければなりません。

具体的には，法を作るプロセスに構成員全員が対等に関わること（または構成員全員で選んだ代表者が関わること），少数意見も尊重して十分に議論を尽くすこと，判断のための情報が質量ともに十分に収集できていること等が必要です。

⑸ 表現が明確であること

最後に，法の表現が明確でなければなりません。

法は，言語によって，私たちに，何をすべきなのか，何をしてはならないのか，何をすることができるのか，何を免れているのかを示します。この点で，必ずしも言語によることを要しない，道徳や宗教，習俗といった他の社会的ルールと異なります。

ですから，その内容が的確に表現されていなければ，認識のずれや誤解，予測不能な不利益を生じさせ，法の目的を達成できなくなります。それどころかかえってトラブルを巻き起こすことにすらなりかねません。

具体的には，言い表したいことが正確に表現されていること，簡潔かつ論理的な理解しやすい文章であること，いろいろな読み方ができるようになっていないこと等が必要です。

⑷ 生徒のみなさんに学んでほしいこと

本教材に臨む生徒のみなさんは，おそらく，正解は何だろうと頭を悩ませることでしょう。しかし，意地悪な回答のようですが，本授業には唯一絶対といえるような正解はありません。

それでもなお正解をというなら，それはきっと，みんなにとって何が望ましい解決なのだろうかと真剣に考え苦闘している生徒の姿それ自体ということでしょう。そのような姿こそが，公共的な事柄に進んで参加しようとする民主主義の精神を体現するものに他ならないからです。

そしてそのことに気付けたとき，生徒たちの法に対する見方も，これまでの否定的・静態的・受動的なものから，肯定的・動態的・主体的なものへと転換されているはずです。と同時に，自分たちでありったけの知恵を動員して生み出した法のことを，驚くほど素直に守ろうという気持ちになれていることに気付くはずです。

91

第**1**時

本町夏祭り 出店のルールを考えよう I

～よいルールの条件を考える～

1. 本時の目標

1. 共生のための相互尊重のルールとしての法の必要性と機能を理解する。

2. 状況の変化に応じてルールを作る（または作り変える）という柔軟な思考を身に付けた上で，①目的が正当であること，②手段が相当であること，③内容が公正であること，④手段が公正であること，⑤表現が明確であることというよいルールの五つの条件を理解する。

段階	学習活動	指導上の留意点
導入 【5分】	○身の回りのルールを思い出すとともに，ルールのイメージを言葉で表現する。 【ワークシート①～④を配布】	★「自由を束縛するもの」といった消極的イメージ，「既に存在するルール」を「守らされるもの」という静態的・受動的イメージをもつ生徒が多いと思われる。
展開（1） 【10分】	○本町夏祭りの様子のイラストの中にどのようなルールあるか探す（1（1））。 ○ルールが，社会統制機能・活動促進機能・一定の政策目的からする経済活動の規制（資源配分機能）・紛争解決機能を果たすことで，みんなにとってより豊かな祭りになることを理解する（1（2））。	★「出店が整然と並んでいる」「来場者用に通路が空けてある」「出店区画が区分けしてある」「（確認しにくいが）飲食関係の出店とそれ以外の出店で分けて配置してある」等。意見が出にくければ，適宜誘導してもよい。 ★ルールがあることで，①通行秩序が生まれ楽しく安全に祭りに参加できる（社会統制機能），より多くの店が出店したいと考える（活動促進機能），飲食関係等類似の出店を集めることで出店が探しやすくなり購買意欲も掻き立てられる（一定の政策目的による経済活動の規制），衝突等のトラブルを予防できる（紛争解決機能）等。なお，○○機能という言葉自体を覚えさせる必要はない。 ★最後に，ルールがあることで「みんなが楽しめるより豊かな祭りになる」ことを確認し，法に対する否定的認識を肯定的なそれへと転換させる。
展開（2） 【5分】	○ルールを必要とする事情が生じたら新たなルールを作ることができること，その新たなルールを作る主体は私たち自身であることを理解する（2）。	★ゴミ問題の深刻化に伴って新たなルールの必要性が高まったというケースである。 ★「私たち自身の手で新しいルールを作る」という点を強調して，法に対する静態的・受動的認識を動態的・主体的なそれへと転換させる。
展開（3） 【25分】	○よいルールといえるためには，そのルールの目的が正当でなければならないことを理解する（3（1））。 ○よいルールの条件①に「目	★一般的に「商店街に店を構えていない人は何かトラブルがあったときに信用できない」という立法事実が存在するとはいい難い。よって，ルールを定める必要性がないにもかかわらず，ルールを定めて自由を制限するものであるから，「目的が正当であるとはいえず」「問題がある」。

92

	的が正当であること」と記入する。 ○よいルールといえるためには，そのルールでとられている手段が相当でなければならないことを理解する（3（2））。 ○よいルールの条件②に「手段が相当であること」と記入する。	★くじ引きという手段は，平等かもしれないが，出店が偏ることで商店街の活性化と地域住民の交流を図るという祭りの目的実現を阻害するおそれがあるから有効性に疑問があり「手段が相当であるとはいえず」「問題がある」。
	○よいルールといえるためには，そのルールの内容が公正でなければならないことを理解する（3（3））。 ○よいルールの条件③に「内容が公正であること」と記入する。	★祭りの費用をまかなうために，商店街に店を構えていない人にだけ出店料5000円を負担させるのは，合理的理由もないのに不平等な取り扱いをするものであるから，「内容が公正であるとはいえず」「問題がある」。
	○よいルールといえるためには，そのルールを決めるときの手続が公正でなければならないことを理解する（3（4））。 ○よいルールの条件④に「手続が公正であること」と記入する。	★大事な連絡が聞こえることは大切だが，決定に関わっていない人の中にはマイク使用による利便性の方を好ましいと考える人もいるかもしれない。よって，みんなに利害関係のある事柄を商店街店主だけで決めることは「手続が公正であるとはいえず」「問題がある」。
	○よいルールといえるためには，そのルールの表現が明確でなければならないことを理解する（3（5））。 ○よいルールの条件⑤に「表現が明確であること」と記入する。	★「危ないことをしてはならない」という表現は，何が禁止されているのか明瞭に理解することができない。よって，「表現が明確であるとはいえず」「問題がある」。
まとめ 【5分】	○本時の学習内容を確認する。	

2. 第1時・ワークシート①

本町夏祭り 出店のルールを考えよう1

1 次の事例を読んで、以下の問いを考えましょう。

> A市の中心部にある本町商店街は、郊外に全国展開の大型スーパーができた影響もあって、人通りの減少に苦しんでいます。そこで、商店街の活性化と地域住民の交流を図るために、商店街店主や地域住民が中心となって「本町夏祭り協議会」を組織し、その主催で7年前から、「本町夏祭り」を開催するようになりました。
>
> 本町夏祭りは、年々、にぎわいを増していき、去年は、地元だけでなく周辺市町村からも合計2000人近い人出を集めるまでになりました。

〈本町夏祭りの様子〉

(1) 上のイラストの中に、どのようなルールがあるか探しましょう。

(2) それらのルールがあることで、どのようなよいことがありますか。

3. 第1時・ワークシート②

2　次の問題をどのようにして解決したらよいですか。

> 本町夏祭りでは，毎年，商店街の中心を走っている道路を会場として，出店を集めた「本町ふるさと市場」を開催しています。本町夏祭り協議会のメンバーの中にも，毎年，この本町ふるさと市場に，出店する人がいます。
>
> ところが，出店者の中には祭りが終わった後，出店のゴミをそのまま付近に捨てていってしまう人たちがいます。夏祭りがにぎわうに連れて年々ゴミの量も増えていき，とうとう昨年は，周辺住民から苦情を言われてしまいました。

3　以下のルールの問題点を考えましょう。

【ルール1】

> 協議会で，「商店街に店を構えていない人は何かトラブルがあったときに信用できないから，出店させるのはよくない」という意見が出ました。
>
> そこで，協議会のメンバー全員で話し合って，「出店は，本町商店街に店を構えている人に限る」というルールを決めました。

（問題点）

よいルールの条件①：

95

4. 第1時・ワークシート③

【ルール2】

去年，希望者全員に出店を許可したら，場所取りを巡ってトラブルが起きました。

そこで，協議会のメンバー全員で話し合って，「出店数を20店とし，希望者多数の場合，出店者をくじ引きで決める」というルールを決めました。

その後，くじ引きをしたら，当選したのは，たこ焼き屋や焼き鳥屋といった飲食店ばかりで，ヨーヨーすくいや射的，地元中学校の不用品のバザー，地域の服飾専門学校の作品販売，地元農家の野菜の直売といった飲食店以外の出店はみな外れてしまいました。

(問題点)

よいルールの条件②:

【ルール3】

ふるさと市場の開催には，会場の飾りつけや警備員の配備等に費用がかかります。

そこで，この費用をまかなうために，協議会のメンバー全員で話し合って，「商店街に店を構えていない人が，出店料5000円ずつを支払う」というルールを決めました。

(問題点)

よいルールの条件③:

5. 第1時・ワークシート④

【ルール4】

商店街の店主たちの集まりで，「出店の宣伝をマイクを使って盛り上げるようにしてやっているところがあるが，迷子放送などの大事な連絡が聞こえなくなる」という意見が出ました。

そこで，協議会を通さずに，商店街の店主たちだけで話し合って，「マイクを使用してはならない」というルールを決めました。

（問題点）

> よいルールの条件④：

【ルール5】

協議会で，「去年，包丁をたくさん並べて売っている出店があってハラハラした」という意見が出ました。

そこで，協議会のメンバー全員で話し合って，「危ないことをしてはならない」というルールを決めました。

ところが，出店希望者たちは，「ガラス瓶の販売は危ないことか」，「食中毒のおそれがあるかもしれない以上食品販売も危ないことか」，「ガスボンベの使用も危ないことか」などと頭を悩ませています。

（問題点）

> よいルールの条件⑤：

97

第**2**時

本町夏祭り 出店のルールを考えようⅡ
~ルールを作り，評価する~

1. 本時の目標

1. よいルールの五つの条件を用いて，ルールを批判的に評価することができる。

2. 自分とは意見を異にする他者とコミュニケーションをとって望ましいルールについての合意を形成し，その内容を文章にして表現することができる。

段階	学習活動	指導上の留意点
導入 【2分】	○前時の学習内容を確認する。 【ワークシート①~④を配布】	★ワークシート③「本町ふるさと市場 参加要項」を示し，最終的に，グループで一つの参加要項を完成させることを確認する。
展開（1） 【10分】	○「においや煙を出してはならない」というルールについて，よいルールの五つの条件を判断基準として評価する（1（1））。	★例えば，においや煙が規制を必要とするほど深刻な被害をもたらしておらず立法事実が存在しないのではないか（目的の正当性），においや煙を伴う出店を民家から遠ざけて配置するなどより制限的でない手段で目的を達成できるのではないか（手段の相当性），においや煙を伴う出店だけ出店が認められないのは合理的理由のない不平等な取り扱いでないか，大気汚染防止法・悪臭防止法等の他の法規との整合性（内容の公正性）といった点が問題となろうか。
	○におい，煙の問題に関する望ましいルールを考える（1（2））。	★例えば，「ルールを定めない（一切規制しない）」「出店場所は協議会が決めるというルールを定めた上で，協議会においてにおいや煙が出る出店は民家から遠ざける」「大気汚染防止法・悪臭防止法等の他の法規の基準を借用する」「（設例通り）においや煙を出してはならない」といったルールが考えられる。
	○「出店は，本町商店街に店を構えている人に限る」というルールについて，よいルールの五つの条件を判断基準として評価する（2（1））。	★地域住民の交流を図るという祭りのもう一つの目的を阻害するのではないか（目的の正当性），商店街に店を構えていない人の出店の全面禁止という手段は必要最小限の規制ではないのではないか，全面禁止という方法が本当に商店街の活性化にとって有効なのか（手段の相当性），店を構えていない人の出店の全面禁止という手段は合理的理由のない不平等な取り扱いでないか（内容の公正性）といった点が問題となろうか。
	○出店者の所在地の問題に関する望ましいルールを考える（2（2））。	★例えば，「ルールを定めない（一切規制しない）」「出店は，A市内に住所がある者に限る」「出店は，A市内に住所がある者で，かつチェーン店でない者に限る」「（設例通り）出店は，本町商店街に店を構えている人に限る」といったルールが考えられる。
展開（2）	○これまでの授業を踏まえ	★基本的には，前時と本時展開（1）で検討した各論点につい

【10分】	て,「本町ふるさと市場」のルールを,①出店資格,②出展希望者多数の場合の出店者の決め方,③禁止事項,④その他に項目を整理して考える（3）。	て,自分なりの望ましいルールを考えれば,内容を記入できる。
展開（3）【15分】	○「本町ふるさと市場」のルールをグループで話し合い,その結果を次のページの「本町ふるさと市場 参加要項」に記入し完成させる（4）。	★主体的にルールを作るという体験をさせるために,生徒一人ひとりが本町夏祭り協議会のメンバーになったつもりで議論させる。 ★議論をスムーズに進めるために,司会係の協議会会長,書記係,発表係といった役割をもたせるのもよい。
展開（4）【8分】	○グループで作成した「本町ふるさと市場 参加要項」の「内容」欄について5点満点で評価し,理由を考える（5）。 ○グループごとに作成した「本町ふるさと市場 参加要項」を発表し,内容をクラス全体で共有する。	★展開（3）ではひとまず「評価」の問題を気にせず自由に議論させ,展開（4）で「評価」を行うというのが,授業をスムーズに進めやすいと思われる。 ★授業者が気になる点について,よいルールの五つの条件を踏まえたコメントを適宜行うとよい。
まとめ【5分】	○自身のルールについての考え方を振り返る（6）。	★ルールへの肯定的評価,ルールを活用する意欲の醸成等が期待される。

2. 第2時・ワークシート①

本町夏祭り 出店のルールを考えようⅡ

1 次の文章を読んで，以下の問いを考えましょう。

> 去年，近隣住民から，「焼き鳥やうなぎなどの出店のにおいや煙がきつくて，家の窓が開けられない」という苦情が出ました。
> そこで，協議会のメンバー全員で話し合って，「においや煙を出してはならない」というルールを決めました。

（1）上のルールについて○△×の三段階で評価し，理由を考えよう。

よいルールの条件	評価	理　由
① 目的が正当であること		
② 手段が相当であること		
③ 内容が公正であること		
④ 手続が公正であること		
⑤ 表現が明確であること		

（2）この問題に関して望ましいルールを考えよう。

2 次の文章を読んで，以下の問いを考えましょう。

> 協議会のメンバー全員で話し合って，商店街の活性化を図るために，「出店は，本町商店街に店を構えている人に限る」というルールを決めました。
> このルールでは，地元住民でも商店街に店をもっていない人や，郊外の全国展開の大型スーパー，周辺市町村の人々などは出店できなくなります。

（1）上のルールについて○△×の三段階で評価し，理由を考えよう。

よいルールの条件	評価	理　由
① 目的が正当であること		
② 手段が相当であること		
③ 内容が公正であること		
④ 手続が公正であること		
⑤ 表現が明確であること		

（2）この問題に関して望ましいルールを考えましょう。

3. 第2時・ワークシート②

3　これまでの授業を踏まえて，「本町ふるさと市場」のルールを，①出店資格（出店できるための条件），②出店希望者多数の場合の出店者の決め方，③禁止事項，④その他に項目を整理して考えましょう。

　①　出店資格

　②　出店希望者多数の場合の出店者の決め方

　③　禁止事項

　④　その他（あれば）

4　本町夏祭り協議会のメンバーになったつもりで，「本町ふるさと市場」のルールをグループで話し合い，その結果を次のページの「本町ふるさと市場参加要項」に記入し完成させましょう。

101

4. 第2時・ワークシート③

本町ふるさと市場 参加要項

(1) 開催理念　わたしたちのまち，本町商店街。地域に住む人々の交流と，まちの活性化のため，人と人のつながりを大切にした，ふるさと市場を開催します。

(2) 開催日時　＊＊年＊＊月＊＊日　午前10時から午後8時まで

(3) 開催場所　本町商店街・駐車場

(4) 主催　　　本町夏祭り協議会

(5) 募集店数　20店（約2.5m×2m）

(6) 出店料　　2000円／1店

(7) 内容

① 出店資格

② 出店希望者多数の場合の出店者の決め方

③ 禁止事項

④ その他

(8) 申込方法　○月○日までに，申込書に必要事項を記載して，本町夏祭り協議会まで提出してください。

5. 第2時・ワークシート④

5 グループで作成した「本町ふるさと市場 参加要項」の「内容」欄について 5 点満点（よい 5 点←→悪い 1 点）で評価し，理由を考えましょう。

よいルールの条件	評価	理　由
① 目的が正当であること		
② 手段が相当であること		
③ 内容が公正であること		
④ 手続が公正であること		
⑤ 表現が明確であること		

6 これまでの授業を通じて，ルールに対する考え方が変わったところがありますか。それはどのようなことですか。

103

No. 7 ◎社会／○総合的な学習の時間，特別活動／道徳

みんなのことの決め方は？

―みんなで決めるべきこと，決めてはならないこと（民主主義と立憲主義）―

1. 授業の目標

1. みんなで共に暮らすためにみんなのことを決める必要があること，みんなのことはみんなで決めるべきこと（民主主義），みんなのことは十分な話し合いを経た多数決により決めるのが原則であることを理解する。

2. みんな（公共）のことか・個人（私）のことかという基準を活用してみんなで決めるべきこと・決めるべきではないことの区別を，また，個人に著しい不利益を科すか・不平等かという基準を活用してみんなで決めてよいこと・決めてはならないことの区別を（立憲主義），それぞれ適切に判断できるようになる。

3. 身近な問題から導き出した民主主義と立憲主義の考え方が，国政（日本国憲法）でも同様に当てはまることの理解を通じて，社会的決定の在り方に広く関心をもち，民主的な決め方を実践する態度を身に付ける。

2. 授業の構成

■ 第1時
ゴミ問題解決策の決め方を考える。

■ 第2時
クラスの合唱祭の出し物，国の政治の決め方を考える。

3. 授業の解説

(1) みんなで共に暮らすために「決める」ということ

世の中には，一人では達成できない目標や一人では解決できない問題があります。家庭における家事分担や学級レクの内容，PTA の役員といった身近な問題から，地域の安全，国の行う所得の再分配，果ては国境を越えた環境問題に至るまで，実に多種多彩です。私たちは誰もが一人きりでは生きていけません。みんなで共に生きていく限り，他者と交わり，生活や社会の向上のために何かを決め続けていかなければなりません。

ところが，この決めるという営みは，これだけ身近で大切な出来事であるにもかかわらず，かえってその身近さゆえに，私たちはその在るべき姿についてきちんと知ってはいないのではないでしょうか。この社会におけるごく初歩的な問題を見つめ直そうというのが本授業です。

(2) 誰が決めるのか（民主主義の必要性）

第一に，みんなのことは誰が決めるのかという問題があります。

歴史的には，王様や貴族等の特定の人が決める（権威主義，独裁制）という時代が長く続いてきました。しかし，この特定の人が決めるという方法には，いつもまともな人が決めてくれる保障はありません。特定の人が悪心を抱けば一部の人だけが利益・不利益を受けることになるでしょう。また，幸いそうでなかったとしても，特定の人が全員の意見や利害を適切に反映して決められるとは限りません。特定の人が決めるという体制はあまりに危険が大きいのです。

そこで，現代では，みんなのことをみんなで決めることにしました。これを民主主義といいます。誰でも自分のことは，自分自身で決めたいものです。自分の関わらないところで他人に勝手に決められたくはありません。こうした自分のことを自分で決めるという自己決定に対する欲求を「自分」のことから「自分たち」にまで広げると，自分たちのことを自分たちで決めるという自己統治に対する欲求すなわち民主主義へと行き着きます。私たちは，たとえ集合的な決定であっても，自分自身が関わることなしに納得することはできないのです。

なお，民主主義に基づく決め方には，みんなのことをみんなで直接決めるという方法（直接民主制）と，判断の専門性や規模といった理由に鑑み，みんなのことを決める人をみんなで決めるという方法（代表民主制）がある点に留意が必要です。

(3) どのように決めるのか（民主主義の方法）

第二に，どのように決めるのかという問題があります。

もし，世の中の人が全員同じ意見をもっていたなら，決めるのに苦労はありません。しかし，現実には，私たちはみな一人ひとり，生まれも育ちも違えば，置かれている環境も違います。意見や価値観，利害，どれ一つとっても一人として完全に同じ人間はいません。このように一人ひとりみな違った個性を備えた私たちが，互いを尊重し合いながら，一つの決定をするためには，どのようにして決めればよいのでしょうか。

もし決定の妥当性を問わないでよいのであれば，くじやじゃんけんなどの偶然に任せて決めるのが，誰にとっても平等でかつ手っ取り早く決められてよいでしょう。

しかし，一人では達成できない目標や一人では解決できない問題というものは，多くの場合，決定の妥当性を問います。とりわけ，社会における重要な問題はそうであることがほとんどです。こうした問題では，人間の理性を働かせることなしに妥当な決定は下せません。

では，人間の理性を働かせられるように，話し合いで決めるというのはどうでしょうか。

（多数決を用いずに）話し合い（だけ）で決めるというのは，要するに，全員一致で決めることを意味します。確かに，これだと全員の意見が反映できて，みな納得できそうです。

しかし，この方法では，人数が多数に上る場合や対立が深刻な場合には，いたずらに時間だけが過ぎていくばかりで，事実上何も決められなくなってしまいます。何より，たった一人の反対で，何も決められなくなるという点で，一人ひとりを等価値に扱っているとはいえず大きな問題があります。また，全員一致に過度にこだわれば，事実上，少数者に多数へ同調を強制することになる点でも問題があります。

そこで，民主主義の下では，多数決で決めるのが基本となりました。これは，全ての人の自己決定を最大限かつ平等に保障するということを意味します。民主主義の根っこには，個人の自由・平等の尊重という考え方があるわけです。

ただし，いきなり多数決を行って数の暴力に訴えるようなやり方には，少数者の切り捨てという批判があたります。また，いわゆる衆愚政治に陥る危険性も絶えずつきまといます。

そこで，多数決を行う前提として，互いに意見や利害を明確に主張し，自分と異なる意見にも耳を傾け，十分な情報交換と討議を経ることが民主主義の必要条件と考えられるようになりました。これにより，少数者も十分に自分の意見を述べる機会が与えられ，また，多数者も少数者の意見を取り入れることができ，全体としてより優れた決定を行うことができるのです。

⑷ 何を決めるべきか，決めるべきではないか（立憲主義①）

第三に，何を決めるべきか，決めるべきでないかという問題があります。

上記のように，いかに少数者を尊重したとしても，最終的には，みんなで決めたことにみんなが従わなければならないことに変わりはありません。そうすると，異なる意見をもつ人たちが共に平和裏に社会生活を送るためにさらに工夫できることはないでしょうか。

この問題について，近代以降の人類は，みんなのことに関わる公的領域と個人のことに関わる私的領域の間に人為的に境界線を引いて，前者についてはみんなで決めるべき（必要がある）こととする一方，後者についてはみんなで決めるべきではない（必要がない）こととして，領域ごとに異なった扱いをするという知恵を考え出しました。これは，公的決定からの私的領域の保護であると同時に，私的価値観の公的領域への進出を許さないことを意味します。

ただし，上述の通り，公私の境界線は人為的に引いたものであるがゆえに，具体的に何が公的領域に属する事柄で，何が私的領域に属する事柄かは，時代や土地，社会等によって異なることが起こり得ます。また，一度引かれた境界線が移動することも起こり得ます。

例えば，かつて家庭内暴力は私的領域の問題として国家権力は介入しないとされていました。しかし，近年，暴力からの保護は社会的に取り組むべき問題つまり公的領域の問題としてとらえられるようになり，DV防止法により国家権力も介入できるようになったのはその一例です。

本授業では，第1時設問4③及び第2時設問2で，このことを考えさせるようになっています。是非，活発に議論をさせてほしいと思います。

⑸ 何を決めてよいか，決めてはいけないか（立憲主義②）

第四に，何を決めてよいか，決めてはいけないかという問題があります。

つまり，みんなのことであれば，どのような内容の決定をしてもよいかという問題です。

前述のとおり，民主主義の根っこには，個人の自由・平等の尊重という考え方があります。そうすると，民主主義によって，これらが否定されるような事態が引き起こされることは本末転倒と言わざるを得ません。

そこで，近代以降の人類は，個人の自由等に対して人間の尊厳を否定するような著しい不利益を科すことや，合理的な理由もないのに不平等な取り扱いをすることは，みんなで決めてはならないとすることにしました。

本授業では，この，みんなで決めるべきではないこと，決めてはならないことがあるという考え方を「立憲主義」と言い表しています。

(6) 民主主義と立憲主義の社会における現れ－日本国憲法

以上の民主主義・立憲主義という考え方は，集団的決定をする上での社会共通のルールです。

例えば，個人がどの宗教を信じるかという私的な事柄をみんなで決めるべきではないことに異論はないでしょう（強制改宗）。特定の人を無視するようみんなで決めることが，個人の尊厳を否定する著しい不利益を科すものとして許されないことにも異論はないでしょう（いじめ，パワハラ，村八分）。

無論，民主主義，立憲主義という考え方は，国政でも同様に当てはまります。

我が国の政治の基本的な在り方は，最高法規（憲法第10章）である日本国憲法が定めています。その日本国憲法は，国民主権（同1条），代表民主制（同前文，43条1項）という形でみんなのことをみんなで決めること（民主主義）を，基本的人権の尊重（同11条，13条，97条）や各種人権規定（同第3章）という形でみんなで決めるべきではないこと・決めてはならないこと（立憲主義）を明らかにしています。

日本国憲法は，全国民の代表である国会であっても，決めるべきではないこと・決めてはならないことがあることを定め，国民一人ひとりがそれぞれの考え方，価値観を相互に尊重し合いながら，一つの決定をするための仕組を社会に提供しているのです。

(7) 生徒のみなさんに学んでほしいこと

本授業では，民主主義・立憲主義という概念に関しては正解を示していますが，これを具体的事例に適用する段階では様々な答えがあり得る問題をあえて設問の中に置いています。是非，グループディスカッション等の手法を積極的に取り入れて，生徒の「気付き」を大いに刺激してほしいと思います。

この「気付き」こそが，民主主義・立憲主義そして憲法といった，ともすると大仰に感じがちな言葉と日常の生活実感との間の隙間を埋め，ひいては，それらの考え方の根っこにある人間の尊厳を尊重しようという態度や，民主的プロセスに積極的に関わろうという意欲を自然と育むきっかけになるはずです。

第**1**時

ゴミ問題解決策の決め方は？

1. 本時の目標

1. みんなで共に暮らすためにみんなのことを決める必要があること，みんなのことはみんなで決めるべきこと（民主主義），みんなのことは十分な話し合いを経た多数決により決めるのが原則であることを理解する。
2. みんな（公共）のことか・個人（私）のことかという基準を活用して，みんなで決めてよいこと・決めてはならないこと（立憲主義）を適切に判断できるようになる。

段階	学習活動	指導上の留意点
導入 【5分】	○みんなで何かを決めた経験を思い出す。	★本授業全体を通して，生徒自身で意見をまとめることが難しい場合，生徒の発言をくみ取って教師がまとめるようにする。
展開（1） 【5分】	【ワークシート①②を配布】 ○みんなのことを決める必要性に気付く（設問1）。	★青空地区の「（〜という）みんなの問題」を解決するために，「（〜という解決策を）決める」必要があることに気付かせる。
展開（2） 【5分】	○誰が決めるかという問題について，みんなで決めるという民主主義の考え方を理解する（設問2）。 ○ポイントに「みんなのことをみんなで決めること」を「民主主義」というと記入する。	★（1）Aさんが自分に有利な決定をする可能性がある，（2）解決策は，特定の人ではなく，住民みんなで決めるべきこと，（3）特定の人が決めると恣意的な決定がされるおそれが高い。 ★授業者が板書する。
展開（3） 【15分】	○どのように決めるかという問題について，各決め方の長所と短所を整理する（設問3（1））。	★解答例は次の通り。

<table>
<tr><td>くじ</td><td>⊕平等，迅速な決定</td></tr>
<tr><td></td><td>⊖結論の妥当性を確保できない</td></tr>
<tr><td>話し合い
全員一致</td><td>⊕全員の意見を反映（納得），議論を通じて結論を熟成できる</td></tr>
<tr><td></td><td>⊖多人数・対立深刻な場合不可能，同調圧力，時間がかかる</td></tr>
<tr><td>多数決</td><td>⊕より多数の意見反映（自己決定の最大平等保障），迅速な決定</td></tr>
<tr><td></td><td>⊖少数派の切り捨て，衆愚政治</td></tr>
</table>

		★ここでいう「話し合い」は話し合いのみによる解決＝全員一致するまで話し合うという意味。「多数決」は話し合いも経ずにいわゆる数の暴力を行使するという意味。次の設問を先取りしないように注意。
	○各決め方の長所と短所を踏まえて，ゴミ置き場新設問題を解決するためにふさわしい決め方を考える（設問3（2））。	★「よく話し合った上で，どうしても結論が出なければ多数決」という決め方がふさわしい。理由は，ゴミ置き場の新設は基本的に結論の妥当性を問うのでくじは不適当，話し合いと多数決の長所をミックスしつつ，短所を補い合えるから。
展開（4）【15分】	○何を決めるべきかという問題について，事例ごとに，みんなで決めるべきことか・決めるべきではないことかを考える（設問4(1)）。	★時間が許せば，グループディスカッションさせると授業が盛り上がる。 ★解答例は次の通り。 | ①	○	みんな（公共）のこと。
②	×	個人（私）のこと。
③	△	各家庭に任せるべき個人（私）のこと。但し，処理費用軽減や環境保護の観点からゴミ減量の取組として捉えれば，みんな（公共）のことと考える余地もある。なお，みんなのこととしても個人に著しい不利益を科すものとして「決めてはならないこと」に該当する余地はある（第2時参照）。その場合，ここでは×を記入する。正解はないので活発に議論させたい。	
	○みんなで決めるべきことか・決めるべきではないことかの区別は，みんな（公共）のことか・個人（私）のことかが判断基準になることを理解する（設問4(2)）。	★みんな（公共）のことは，みんなで決める必要性があるから，みんなで決めるべき。一方，個人（私）のことは，個人に任せればよく，みんなで決める必要性はないから，みんなで決めるべきではない。
まとめ【5分】	○本時の学習内容を確認する。	

2. 第 1 時・ワークシート①

ゴミ問題解決策の決め方は？

設問 1　みんなのことを決める

【事例】
　青空地区では，近年，住民が増え続けています。それに伴って，ゴミの量も増え，今までのゴミ置き場だけでは足らなくなってきました。また，ゴミ出しのマナーも悪くなり，ゴミが道路に散らかったり悪臭が発生したりしています。

（1）青空地区では，どのような問題が起きていますか。

（2）青空地区のゴミ問題を解決するために，何をする必要がありますか。

設問 2　誰が決めるか？

　自分の家の近くにゴミ置き場が新設されることを，青空地区の住民はみんな嫌がっています。すると，地区に一番長く住んでいる A さんが「どこに新設するか俺が決める」と言いだしました。

（1）この解決方法に問題はありますか。あるとすれば，それはどうしてですか。

（2）青空地区のゴミ問題の解決方法を，誰が決めるべきですか。

（3）それはどうしてですか。

ポイント：　　　　　　　　　　　　　　　　　　ことを
　　　　　　　　　　　　　　　　　　　　　　　という。

3. 第1時・ワークシート②

設問3　どのように決めるか？

（1）青空地区では，ゴミ置き場をどこに新設するか，住民みんなで決めることにしました。どのように決めればよいでしょうか。まず，次の各決め方の長所と短所を整理しましょう。

決め方	長　　　所	短　　　所
くじ引き		
話し合い（全員一致）		
多 数 決		

（2）青空地区のゴミ問題を解決するために，どのように決めればよいでしょうか。また，それはどうしてですか。

設問4　何を決めるべきか，決めるべきではないか？

（1）青空地区では，ゴミ捨てに関するルールを，住民みんなで決めることにしました。次の各内容について，みんなで決めるべきことに○を，決めるべきではないことに×を，場合によることに△を記入し，理由を考えましょう。

内　　容	みんなで決めるべきか	理　　由
① 燃えるゴミを出せる曜日		
② 各家庭でゴミを出す人		
③ 各家庭で1回に捨てられるゴミの量		

（2）みんなで決めるべきことと，決めるべきではないこととは，どのような理由で区別されますか。

111

第**2**時

クラスの合唱祭の出し物，国の政治の決め方は？

---

1. 本時の目標

1. 個人に著しい不利益を科すか・不平等かという基準を用いて，みんなで決めてよいこと・決めてはならないこと（立憲主義）を適切に判断できるようになる。

2. 民主主義と立憲主義の考え方が国政（日本国憲法）でも同様に当てはまることを理解する。

段階	学習活動	指導上の留意点
導入 【5分】	○前時の学習内容を確認する。	★時間が許す限り，展開（1）（2）ともにグループディスカッションを行いたい。
展開（1） 【15分】	【ワークシート①②を配布】 ○何を決めてはならないかという問題について，事例ごとに，みんなで決めてよいことか・決めてはならないことかを考える（設問1（1））。	★解答例は次の通り。

<table>
<tr><td>①</td><td>○</td><td>Bに不利益なし。</td></tr>
<tr><td>②</td><td>△</td><td>Cがどのくらい嫌がっているか＝不利益の程度によるであろう。</td></tr>
<tr><td>③</td><td>×</td><td>男女で不平等。</td></tr>
<tr><td>④</td><td>×</td><td>Dの「歌う自由（表現の自由）」に著しい不利益を科す。かつ，D以外の者と比べて不平等。</td></tr>
<tr><td>⑤</td><td>×</td><td>宗教上の理由が真摯なものであれば，Eの「歌わない自由」（思想信条の自由，信教の自由，消極的表現の自由）に著しい不利益を科す。</td></tr>
</table>

段階	学習活動	指導上の留意点
	○みんなで決めてよいことか・決めてはならないことかの区別は，個人の尊厳を否定するような著しい不利益を科すか・合理的理由のない不平等かが判断基準になることを理解する（設問1（2））。	★解答を得にくい場合，設問1（1）の解答からキーワードを授業者が拾ってヒントを出すとよい。
	○ポイントに「みんなで決めるべきでないこと・決めてはならない」ことを「立憲主義」というと記入する。	★授業者が板書する。
展開（2）	○国の政治の決め方につい	★解答例は次の通り。

112

【20分】	て，事例ごとに，国会が法律で決めてよいか，決めるべきではない・決めてはならないかを考える（設問2(1)）。	<table><tr><td>①</td><td>×</td><td>個人のこと，かつ，国民の幸福追求権等に著しい不利益を科す。</td></tr><tr><td>②</td><td>×</td><td>出版表現は個人のことであると同時に，情報の受け手たる国民みんなのことでもある。また，表現の自由に著しい不利益を科す。</td></tr><tr><td>③</td><td>△</td><td>住所の秘密は個人のことと考えられるが社会の安全という観点からはみんなのこととも考えられる。プライバシー等に著しい不利益を科すかも両論考えられる。犯罪者だから仕方ないという理由は誰もが生まれながらにもつ人権を有しないというに等しく検討不十分。</td></tr><tr><td>④</td><td>△</td><td>どれだけ働くかは個人のこととも考えられるが，現在一般に，社会的弱者である労働者の保護は国民みんなのことと考えられている。よって，会社と労働者の被る不利益（上限時間）の程度による。</td></tr></table>

	○国会が法律で決めてよいか，決めてはならないかの区別も，みんなのことか・個人のことか，個人の尊厳を否定するような著しい不利益を科すか・合理的理由のない不平等かが判断基準になることを理解する（設問2(2)）。	★身近な問題から導き出した判断基準が国政にも同様に当てはまることを指摘する。
展開（3）【5分】	○日本国憲法は，民主主義と立憲主義を定めたものであることを理解する（設問3）。	★民主主義：国民主権，代表民主制 ★立憲主義：基本的人権の尊重，各人権規定 ★補助教材等で憲法の条文を確認するとよい。
まとめ【5分】	○本時の学習内容を確認する。	

2.	第2時・ワークシート①

クラスの合唱祭の出し物，国の政治の決め方は？

設問1　何を決めてよい，決めてはならない？

> 青空中学校では，毎年，音楽祭でクラスごとに合唱をします。
> 課題曲の合唱には，指揮者1名とピアノ伴奏（ばんそう）1名が必要です。

(1) 次の各内容に関し，クラスみんなで決めてよいことに○を，決めてはならないことに×を，場合によることに△を記入し，理由を考えましょう。

内　容	みんなで決めてよいか	理　由
①指揮者を学級委員の B 君とすること（B 君は特に嫌（いや）がっていない）		
②伴奏を音楽委員の C さんとすること（C さんはあがり症（しょう）で嫌がっている）		
③指揮者を男子生徒から選ぶこと（女子生徒にも指揮者の希望者がいる）		
④歌の下手な D 君を合唱中に歌わせないこと		
⑤宗教上の理由で課題曲を歌えない E さんに課題曲を歌わせること		

(2) みんなで決めてよいことと，決めてはならないこととは，どのような理由で区別されますか。

> ポイント：　　　　　　　　　　　　　　　　　　　　　　ことを
> 　　　　　　　　　　　　　　　　　　　　　　　　　　　という。

3. 第2時・ワークシート②

設問2　日本の政治の決め方は？

（1）我が国では，国民の生活や社会を向上させるために，国民の代表者である国会議員からなる国会で様々な法律が決められています。

　これまでの学習を踏まえ，国会が次の各内容の法律を決めてよいときには○を，決めるべきではない・決めてはならないときには × を，場合によるときには△を記入し，理由を考えましょう。

法律の内容	決めてよいか	理　由
①国民の休日の過ごし方を決める法律		
②政治を批判する本の出版を禁止する法律		
③刑務所から出てきた人の住所を公開する法律		
④労働者が一日に働ける時間の上限を決める法律		

（2）国会で決めてよいことと，決めるべきではないこと・決めてはならないこととは，どのような理由で区別されますか。

設問3　日本国憲法の仕組み

（1）「みんなのことをみんなで決める」ことについて定める条文はありますか。

（2）「みんなで決めるべきではないこと・決めてはならないこと」について定める条文はありますか。

115

No.8 ◎社会／○道徳，総合的な学習の時間／特別活動

どうすれば公平に分けられる？

―利益や負担の公平な分け方（配分的正義）―

1. 授業の目標

1. 限られた物や利益の配分，負担の配分が問題となる場合に，利益や負担を機械的に等分することが必ずしも公平であるとは限らず，実質的公平を図るためには，個別的な差異や事情に応じて配分に差を設ける必要な場合があることを理解する。
2. 実質的公平を図るため，①必要性，②能力，③功績という三つの判断要素を用いて社会における具体的な問題を解決する配分方法を検討し，理由を付して説明できるようになる。
3. 限られた物や利益の配分，負担の配分が問題となる場合に，機械的に等分するだけではなく，個別的な差異や事情を考慮に入れて実質的に公平な配分を目指そうとする意欲を育む。

2. 授業の構成

■第1時
身近な事例を検討しながら，実質的公平について考えるための三つの判断要素を学ぶ。

■第2時
ある社会における配分的正義の問題について，三つの判断要素を用いながら，実質的に公平といえる具体的な配分案を作成する。

3. 授業の解説

(1) 配分的正義とは

　社会生活においては，様々な場面で，利益あるいは負担を，その社会の構成員に配分する必要が生じます。利益は，一般的に多くの人が求めるものですが，数量に限りがあり，求める全ての人に配分しきれないことが往々にして起こります。負担は，人々が円滑に社会生活を営む上で誰かが背負わざるを得ないものですが，多くの人はできれば自分は避けたいと考えがちです。そのため，限られた利益や必要な負担の配分の問題は，社会生活において避けては通れない問題といえます。

　具体例を挙げると，国家においては，予算を各自治体にどのように配分するか，国民の税金

の負担をどのように配分するかという問題，学校においては，部費をどのように各部活動に配分するか，クラス内での掃除当番をどのように配分するかという問題，家庭においては，おやつを兄弟間でどのように分けるか，家事の手伝いの分担をどのように分けるかという問題などが考えられます。このように，利益と負担の配分は，大小様々な集団社会において，頻繁に検討される課題です。

アリストテレスは，このような配分の問題を「配分的正義」と位置付け，正義の一側面であるととらえています。すなわち，過小な利益，過大な利益，過小な負担，過大な負担については，いずれも正義に反する状態であると考えたのです。

(2) 法の下の平等

日本国憲法第14条は，法の下の平等を宣言していますが，ここでいう平等は，個々人の事情の相違を考慮に入れず機械的に同一の取り扱いをする「絶対的平等」ではなく，一人ひとりの人間に具体的差異があることを前提に，その差異に相応した合理的な区別を許容する「相対的平等」である，と解されています。すなわち，類似している人々は同等に扱われるべきである一方，相違のある人々はその相違に応じて異なる取り扱いを受けるべきである，と考えているのです。

実際の社会生活において，利益や負担を機械的に均等に分けるだけでは，かえって不公平であると考えられる場面は多くあります。例えば，勤勉に働いた者と不真面目に働いた者に同じ給与が与えられるのでは不公平ですし，収入の違いを無視し，全ての者に等しく税負担を課すことも不公平であるといえそうです。利益の獲得において努力した者については，それにふさわしい報酬が与えられるべきですし，負担に耐えうる力のある者は，その力のないものに代わって負担を引き受けるべきであるといえます。

いかなる場合に異なる利益や負担の配分をすることが実質的に公平であるといえるか，それを考えるのが配分的正義の問題です。

(3) 多数決で配分を決めることの弊害

利益や負担の配分を決める方法として自然と思い当たるのは，多数決です。しかし，何の基準もないままに単純に多数決で配分を決めるとすれば，少数派が多数派より利益を少なくしか受けられなかったり，負担を多く課せられたりする可能性が高くなることは想像に難くありません。

No.7の教材で，多数決にも限界があり，みんなのことに関わる公的領域についても，個人の自由・平等といった人間の尊厳を否定するような著しい不利益を科すことや，合理的な理由もないのに不平等な取り扱いをすることは，みんなで決めてはならないこととしたことを取り上げました。配分的正義の問題を検討するにあたっても，一部の人々に著しい不利益を課したり，合理的な理由もないのに不平等に取り扱うことのないようにするために，集団に所属する「一人ひとりの事情の相違」というものを考慮に入れる必要があります。

⑷ 公平な配分を考える上での知的道具（ものさし）

実質的に公平といえる利益や負担の配分を検討するにあたって，考慮すべき「一人ひとりの事情の相違」には，どのようなものがあるでしょうか。本教材では，①必要性（need），②能力（capacity），③功績（desert）という三つの判断要素を知的道具（ものさし）として取り上げます。

①「必要性」とは，ある利益を必要としているか，という判断要素です。例えば，生活困窮者の生活保護の受給や，子どもがいる家庭の児童手当の受給は，この「必要性」の要素から異なる取り扱いを認めるものであるといえます。

②「能力」とは，ある利益を使いこなすことができるか，あるいはある負担を受け止めるだけの力があるか，という判断要素です。例えば，所得税率の累進課税制度（納税能力が高い者により多くの税負担を求める制度）は，この「能力」の要素から異なる取り扱いを認めるものであるといえます。

③「功績」とは，ある利益を受けるにふさわしいか，あるいはある負担を免除されるにふさわしいか，という判断要素です。例えば，大会優勝などの活動実績により部活動費を増額することは，この「功績」の要素から異なる取り扱いを認めるものであるといえます。「功績」というと，有利に働く方向を想定しがちですが，「功績」が小さい場合には，負担を受け止める「能力」の点で問題がなければ，負担を増大させる不利な方向にも働きます。なお，「功績」という用語は，「適格性」と言い換えられることもあります。

⑸ **本教材の流れ**

本教材では，まず第1時において，利益や負担を機械的に等分することが果たして公平であるのかという問題提起を行います。機械的に等分できない個数で，しかも1個を等分することが困難であるシュークリームを，兄弟間で公平に分けるために必要な情報を考えさせることで，機械的な等分では必ずしも公平な配分にならないという問題の所在に気付いてもらいます。その際，生徒のみなさんの解答を拾いつつ，シュークリームが嫌いでいらないという子がいたらどうか（①必要性），一番下の子が0才ならどうか（②能力），シュークリームは一番上の子が買ってきたものならどうか（③功績），など，三つの判断要素を考慮に入れつつ問題提起していくことにより，三つの判断要素についておおまかなイメージを共有してもらえると思います。

その後，学校の部活動において，①必要性，②能力，③功績という三つの判断要素がそれぞれ問題となる事例の検討を通じ，実質的公平の考え方と三つの判断要素という知的道具（ものさし）の存在を学びます。最後に，シュークリームの事例を振り返って，三つの判断要素の判断のためにどのような情報が必要なのかを再確認します。

その上で，第2時において，ある架空の村における医療費の負担の問題について，実質的に公平といえる「一人ひとりの事情の相違」に応じた配分を実現するために，①必要性，②能力，③功績という三つの判断要素をどのように用いて結論につなげていくのか，検討してもらいます。そして，生徒のみなさんが考えた費用負担のランキングについて，上記各要素のいずれを

重視した結果であるのかを，理由を付して発表してもらいます。

　①「必要性」については，負担によって得られる「医者による治療」という利益について，それを多く必要としている者については負担を多くしてよいのではないか，あるいは医者にほとんどかからない者については負担を少なくしてよいのではないか，といった視点が考えられます。②「能力」については，所得の高い者については多く負担させてよいのではないか，逆に所得の少ないと思われる学生や主婦，高齢者は負担を減らす，といった視点が考えられます。利益ではなく，負担の配分の問題ですので，負担できる能力の有無は，結論に相応に影響が出ると思われます。③「功績」については，診療所のために貢献のある者の負担を減らしてもよいのではないか，現実化しているこれまでの貢献のみで判断するのか，不確定ではあるが今後予想され得る貢献も判断材料に入れるのか，といった視点が考えられます。

　最後に，三つの判断要素が，社会生活において利益や負担の配分の問題を考える様々な場面において活用できることを確認し，生徒のみなさんが三つの判断要素を様々な場面で主体的に活用しようとする意欲を喚起します。

⑹ 生徒のみなさんに学んでほしいこと

　授業の結論として，どのような案が最も合理的であるかを決める必要はありません。生徒のみなさんが自らの頭で考え，各判断要素のいずれに着目して相違点に気付き，案を導き出したのか，十分な理由をもって説明することができれば，実質的公平についての理解が深まったといえ，本教材の目標は達成されたといえます。

　そして，これからの家庭生活や学校生活において，配分的正義の考え方を活用すべき場面に出合った際，本教材を通じて学んだ思考を経て結論を導き，説得的に他者に説明できる能力を身に付けてもらえればと考えます。

　実社会でいかなる政策を選択するかを決定するにあたっては，各判断要素のいずれかをより重視すべきかという序列付けが必要な場面が出てきます。第１時の設問３でも，適格性を重視すれば，真面目に練習して大会にも出ているサッカー部により長い時間グラウンドを使えるようにすべきとの結論に近付き，必要性を重視すれば，大会に出ていない野球部にこそ長い時間グラウンドを使わせて練習させるべきとの結論に近付くという，相反する答えが導かれます。

　このような場合，どちらを重視するかに唯一絶対の正解はありません。あくまでも，社会の構成員において議論を尽くして，いずれを重視するかについての合意を形成していくことになります。その際，本教材で学んだ判断要素を念頭に置いて議論することができれば，単なる感覚ではなく，客観的事実に立脚した筋道の通った判断ができるはずです。その意味で，本教材で学ぶ判断要素は，生徒のみなさんが将来主権者として投票行動を行うためにも，とても重要な基礎となるものといえます。

第**1**時

実質的公平について考えるための三つの判断要素

1. 本時の目標

1. 正義について考える一場面として，限られた物や利益の配分，負担の配分が問題となることに気付く。

2. 利益や負担を機械的に等分することが必ずしも公平であるとは限らないことを理解する。

3. 実質的公平を図るために，個別的な相違や事情に応じて配分に差を設ける必要性があることと，そのような配分を考えるにあたって意識すべき三つの判断要素を理解する。

段階	学習活動	指導上の留意点
導入（1） 【5分】	○日常生活における限られた物を分ける場面について，自由に発表する。	★（予想される答え） ・お菓子など食べ物を分ける。 ・体育館を利用できる時間を分ける。 ・掃除当番を分担する。 ★発言がなければ，家庭や学校生活の中での具体例を出して誘導する。
導入（2） 【15分】	【ワークシート①を配布】 ○「ある3人の兄弟が，10個のプチシュークリームを分けようとしている」という事例を前提に，どのように分けるべきかを決めるために，この兄弟について，どんな情報が知りたいか，各自の考えを自由に発表する。	★（予想される答え） ・シュークリームが好きか。 ・いくつ欲しいのか。 ・兄弟の年齢。 ・誰がシュークリームを買ってきたのか。 ★限られた物を分ける際に，どのように分けるのが最も平等かを考える要素がいくつかあることを示唆する。
展開（1） 【10分】	【ワークシート②を配布】 ○各設問について，各自で記入する。	★個々での検討が難しい場合，少数でのグループワークにしてもよい。
展開（2） 【15分】	○各設問について，結論とその理由を発表する。 ○事例1	★公平だと思う人，そうでない人，と概括的に挙手させてから指名する方法でもよい。 ★（予想される答え） ・多く使う部に多くの部費を与えるべき。 ・野球道具にはお金がかかる。 ・サッカー部も大きい買い物があるかもしれず，50万円ずつでよい。 ★サッカー部には野球部と同額の部費をもらう「必要性」がないのではないか，という視点を指摘する。

		50万円ずつでよいという意見が出た場合は，「必要性」という判断要素を踏まえていれば，肯定的にとらえる。
	○事例2	★（予想される答え） ・野球部は部内で交代できるから，野球部の担当日を増やしてよい。 ・野球部がサッカー部の3倍担当すべき。 ★人数が多い野球部にはより大きな負担に応じる「能力」がある，という視点を指摘する。 　同じ日数でもよいという答えは出にくいであろう。
	○事例3	★（予想される答え） ・サボる野球部にグラウンドを使わせる必要はない。 ・頑張るサッカー部がグラウンドを使うべき。 ・弱い野球部に多く使わせて強くさせるべき。 ★部活動を一生懸命頑張って大会でも結果を出しているサッカー部には，多くの時間グラウンドを使わせるだけの「功績」がある，との視点を指摘する。 　弱い野球部に沢山練習させるべきという意見が出た場合は，「必要性」の判断要素を踏まえていれば，肯定的にとらえる。
	○利益や負担を機械的に半分に分けても公平でない場合があることを確認する。	★「必要性」，「能力」，「功績」の三つの判断要素を板書して強調。設問毎に行っても，3問全ての発表後にまとめて行ってもよい。
まとめ 【5分】	○利益や負担の配分において，三つの判断要素があることを，シュークリームの事例を通じて再度確認する。	★嫌いな子は「必要」としない，0才の子なら食べる「能力」がない，兄弟の一人がお小遣いで買ったのなら，買った人が少し多く食べるに値する「功績」がある。

2. 第1時・ワークシート①

どうやってシュークリームを分けるか？

【事例】
　ある3人の兄弟が，10個のプチシュークリームを分けようとしています。
　割り切れない数なので，3人とも同じ数で分けることは不可能です。また，プチシュークリームは柔らかいので，1個を同じ大きさに分けることも困難です。

1　どのように分けるべきかを決めるために，あなたなら，この兄弟について，どんな情報が知りたいですか。思い付くものを書き出してみましょう。

　　　・

　　　・

　　　・

　　　・

　　　・

2　他の人の意見を聞いて，あなたの考えになかったものや，新たに思い付いた考えを書きましょう。

　　　・

　　　・

　　　・

　　　・

　　　・

3. 第1時・ワークシート②

学校の部活動をめぐる配分の問題を考えよう

> ある学校の部活動に関する以下の三つの事例について，利益や負担の配分が公平であるといえますか。その理由は何ですか。

【事例1】 A学校の年間の部活動費は100万円です。野球部とサッカー部が今年度の部活動費について希望を出しています。野球部は，バットなどの道具の購入に多くの部費を必要としていますが，サッカー部は購入する道具が少ないので，野球部ほどの部費は必要としません。

　本年度の部活動費を二つの部に50万円ずつ分けることは，

公平である　　　　　　　　公平でない

理由

【事例2】 B学校では，運動系の部活動毎に交代制で体育倉庫の清掃を義務付けています。B学校の野球部の部員は33名，サッカー部の部員は11名です。

　体育倉庫の清掃を二つの部に同じ日数ずつ分けることは，

公平である　　　　　　　　公平でない

理由

【事例3】 C学校の野球部は真面目に練習をせず，大会にも出場しません。サッカー部は熱心に練習し，大会でも結果を残しています。C学校には一つしかグラウンドがないので，二つの部活で交代で利用するしかありません。

　グラウンドの使用を二つの部に同じ時間ずつ分けることは，

公平である　　　　　　　　公平でない

理由

第**2**時

実質的に公平な配分案を作成する

1. 本時の目標

1. 実質的公平を図るために考えるべき①必要性，②能力，③功績という三つの判断要素を用いて，実際に具体的な問題を解決する配分方法を検討し，理由を付して発表できる。

2. 上記の検討・発表を通じ，実質的公平について自らの頭で考え，また他者の意見にも触れることで多面的な考え方を学び，公平とは何かという考察をより深めることにより，今後の生活に三つの判断要素を活用する意欲につなげる。

段階	学習活動	指導上の留意点
導入（1） 【5分】	○利益や負担の実質的に公平な配分を考える際の三つの判断要素を確認する。	★「必要性」，「能力」，「功績」については板書し，本時で用いる判断要素として強調する。
展開（1） 【10分】	【ワークシート①を配布】 ○各自でワークシート①の表を記入する。	★②と③の枠が二つあるが，概ね同程度の負担度合と考えればよい（類似している人々は同等に扱われるべき）。ダイヤモンド・ランキングと呼ばれる手法である。 ★6名に与えられた属性は抽象的なので，その評価によっても順番は変動し得る。 ★Aさんは，就職活動中なので，少なくとも自身の資力で費用負担する能力はなさそう。若くて病院にかかる必要性も小さいと思われ，費用の負担は少なくてもよさそうか。 ★Bさんは，子どもが小さいと病院に連れていくことも相応にありそうで，必要性は一定程度ある。子育て中で仕事の収入はさほど多くない可能性もあり，負担の能力は微妙か。 ★Cさんは，大会社の社長なので，会社の経営が順調である限りは，負担の能力は十分ありそう。しかし，健康に問題がないので，必要性は小さい。必要性が小さいのに多額の負担をさせるべきか，悩むところ。 ★Dさんは，設立時に建物を寄付したという功績が大きい。その上に今後の運営費用まで負担させてよいかどうか問題となり得る。 ★Eさんは，病院の必要性が高い人物。しかし，お年寄りの収入はさほど高くない可能性もあり，負担の能力は微妙か。 ★Fさんは，今後ボランティア看護士として高い功績を挙げることが想定されるが，現時点ではあくまでも予定であり，この点をどう考えるか，悩むところ。
展開（2）	【ワークシート②を配布】	

【15分】	○グループ内でワークシート①の答えを確認し合う。 ○グループ内で話し合い、ワークシート②の表を記入する。	★4人ないし6人程度のグループに分け、グループごとに検討させる。 ★各グループの議論の様子を観察しながら、必要に応じて発問し、より考えを深めさせる。
展開（3） 【15分】	○グループごとに順番とその理由を発表する。	★各グループから発表される順番については、三つの判断要素のいずれを重視した上で結論を導いているかに着目し、板書、コメントしていく。 ★似ている回答や、まったく反対の回答があれば、適宜該当のグループを指名して、考え方を聞いていく。 ★どの案が最も合理的であるかを決める必要性はない。各グループの案の違いがどのような理由に起因するのか、掘り下げていくと発見があると思われる。
まとめ 【5分】	○考えた案が、いずれも三つの判断要素を基に検討されていることを確認する。 ○案の違いがどの判断要素につき生じたものか検討する。 ○三つの判断要素が、様々な利益や負担の配分の問題を考えるのに役立つものであることを確認する。	★発表されたいずれの考えも、実質的に公平といえる案を、三つの判断要素を検討しながら導き出せていれば、肯定的に扱う。 ★社会生活上、利益や負担を配分する実例をいくつか取り上げ、三つの判断要素が、利益や負担の配分の問題に広く活用できるものであることを紹介する。

2. 第2時・ワークシート①

村の診療所(しんりょうじょ)の費用の配分の問題を考えよう

【事例】あなたはある村の村長です。村には医者がいません。病気や怪我(けが)をしたときに，遠くの町の病院まで行かねばなりません。
　あなたは，誰(だれ)でもすぐに治療(ちりょう)が受けられるよう，村人でお金を出し合って医者を雇(やと)い，診療所を作って運営していくことに決めました。

1　次の6名の村人を，費用を多く出してもらう順番に並べた上で，その理由と，決め手となった判断要素を書きましょう。

Aさん：就職活動中の「**大学生**」
Bさん：働きながら小さい子どもを育てる「**お母さん**」
Cさん：健康には自信がある「**大会社の社長**」
Dさん：診療所の建物を村に「**寄付**」した人
Eさん：しばしば病院の世話になっている「**お年寄り**」
Fさん：村の診療所で「**ボランティア看護士**」を務める予定の人

費用多
↕
費用少

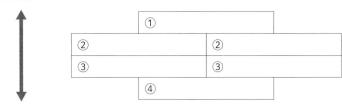

順番	村人	理由	決め手の判断要素
①			必要性・能力・功績
②			必要性・能力・功績
②			必要性・能力・功績
③			必要性・能力・功績
③			必要性・能力・功績
④			必要性・能力・功績

3. 第2時・ワークシート②

2 グループで話し合って、1で挙げた6名の村人を、費用を多く出してもらう順番に並べた上で、その理由と、決め手となった判断要素を書きましょう。

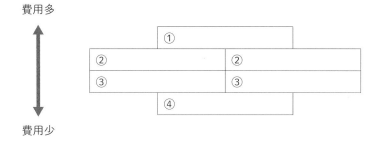

費用多

費用少

順番	村人	理由	決め手の判断要素
①			必要性・能力・功績
②			必要性・能力・功績
②			必要性・能力・功績
③			必要性・能力・功績
③			必要性・能力・功績
④			必要性・能力・功績

No. **9**　◎社会／○道徳，特別活動／総合的な学習の時間

盗み食いしたら罰金 10 万円！
これって正しいの？

―不正や損害に対して公正な対応をする（匡正的正義）―

1. 授業の目標

1. 不正や損害に対して公正な対応をしなければならないことと，その目的が匡正・更生・予防にあることを理解する。

2. 公正な対応といえるための判断基準（①不正や損害の大きさと比べてバランスがとれていること，②他の事案と比べてバランスがとれていること，③匡正・更生・予防の目的を実現できること），及び，不正や損害の大きさを量るための判断基準（①被害の大きさ，②故意か過失か，③何度目の過ちか）を用いて事案を分析した上で，不正や損害に対してどのような対応をすることが公正か判断できるようになる。

3. 社会における不正や損害への対応の在り方に関心をもち，実生活においても公正な対応を行う意欲をもつ。

2. 授業の構成

■ 第 1 時
アルバイトの様々な失態を題材にして，公正な対応の判断基準を学ぶ。

■ 第 2 時
アルバイトの遅刻の事例を題材にして，不正や損害に対していかなる対応をするのが公正かを考える。

3. 授業の解説

(1) 不正を正し損害を回復するために「対応」する

　私たちが共に暮らす社会では，誰もが等しくルールや法を守って，他者の権利や利益を侵害しないように暮らすことが求められます。しかし，私たちはみな，弱さを抱えた人間であって全知全能の神様ではありませんから，加害者になるか被害者になるかにかかわらず，また，意図するかしないかにかかわらず，ルールや法を破って不正な行いをしたり，誰かの生命・身体・自由・財産などを傷つけ損害を与えたりする事態に遭遇せずにはいられません。

128

このような不正や損害が発生したとき，これを放っておくと，世の中に不正や他者の権利・利益に対する侵害が横行し，被害者は泣き寝入りするしかなくなってしまいます。このような不公正な社会では，私たちは安心して暮らすことはできません。

そこで，私たちの社会では，不正や損害に対して何らかの行為をすることを認めることにしました。この不正や損害に対してする行為のことを「対応（response）」といいます。対応は，民事損害賠償や刑事罰が典型例ですが，職場での懲戒処分やクラブ活動での罰走，家庭での罰掃除など身近なところでも実に広く行われています。

⑵ 匡正的正義―不正や損害への対応が公正であること

もっとも，不正や損害に対する対応といえども，何をしてもいいというわけではありません。例えば，たった一度30分ばかりの遅刻をした社員に対して解雇という重い対応をするのは，誰もがおかしいと考えるでしょう。つまり，対応にも公正さが求められるのです。このことを，「匡正的正義（corrective justice）」といいます。

実社会でも，悪を正すためなら何をやってもよいという短絡的な正義感から，あるいは，正義の実現に熱心になるがあまりやりすぎて問題を起こしてしまう人がしばしば見受けられます。それだけに，この匡正的正義という考え方は，とても重要なものだということができます。

⑶ 匡正的正義の三つの目的―匡正，更生，予防

この匡正的正義という考え方を私たちが必要としているのは，匡正的正義が次の三点を目的としているからです。

第一に，不正を正し損害を回復することで公正さを取り戻すことです（匡正）。不正の存在を明らかにしてこれを正し，また，加害者に被害者の被った損害を回復させることで（なお，不正と損害はどちらか一方しか発生しないこともあります），元の公正な状態を取り戻させるのです（なお，完全に同じ状態に回復できないこともありますが，そうした場合には，代わりに元の状態に等しいと評価できる状態へと回復させます）。

第二に，再び不正や損害を引き起こさないように加害者を立ち直らせることです（更生）。私たちが不正や損害に対して公正に対応すれば，加害者は，二度と同じ過ちを繰り返さないように注意して行動するようになるでしょう。

第三に，加害者だけでなくみなが不正や損害を引き起こさないように抑止することです（予防）。誰もが，不正や損害に対して公正な対応がされている様を見れば，加害者と同じ過ちを犯すまいと注意して行動するようになるでしょう。不正や損害への対応は，社会全体の問題でもあります。

⑷ 匡正的正義の条件①―対応が不正や損害の大きさと比べてバランスがとれていること

では，対応が公正なものといえるためには，具体的にどのような条件を充たす必要があるのでしょうか。

129

第一に，その対応が，不正や損害の大きさ（罪の重さ）と比べてバランスがとれたものでなければなりません。対応は軽すぎず重すぎずちょうどよい重さのもの，不正や損害の大きさに応じたものであることが必要です。

　例えば，1万円相当の植木鉢を壊されたというケースで10万円の弁償を認めると，被害者は，被害にあったことでかえって元の状態より9万円の利益を得ることになってしまいます。これが不公正であることは誰の目にも明らかであり，よほど特別の事情がない限り，1万円の損害に対しては1万円の弁償を認めるのが公正というものでしょう。

　ましてや，暴力を振るったり刺青を入れたりといった人間の尊厳を否定するような対応や残虐な対応は論外です（日本国憲法第36条参照）。

　最初の中国統一王朝である秦の国は，過酷な刑罰により国を治めましたが，そのことによって国を滅ぼしもしたといわれています。一方，古代ギリシャ以来，正義の女神は絶えず天秤を手にして正義を量り続けています。そしてこの天秤は，例えば，私たち現代日本の弁護士のバッチにも描かれていて，今なおその精神を力強く伝え続けています。こうした故事は，私たちの社会における対応の在り方を考える上で大いに示唆に富むものです。

⑸ 不正や損害の大きさを量るための判断基準

　以上からすると，バランスのとれた公正な対応をするためには，その前提として，不正や損害の大きさ（罪の重さ）を量る必要があることになります。

　この不正や損害の大きさを量るための判断基準として，本授業では，「被害の大きさ」「故意（わざと）と過失（うっかり）」「何度目の過ちか」という三つを用いています。無論これが基準の全てというわけではなくて，動機，計画性，行為態様，反省の程度，被害の回復，被害者の落ち度，年齢，共犯者がいる場合の役割等の事情も判断基準となり得ます。

　不正や損害への対応はともすると怒りや悲しみにまかせて感情的・恣意的なものに陥りがちなので，こうした判断基準を用いることは判断の客観性を担保する上で大いに有益です。

⑹ 匡正的正義の条件②―対応が他の事案と比べてバランスがとれていること

　第二に，その対応が，他の事案と比べてバランスがとれたものでなければなりません。

　他の事案と比べるというのは，基準点が比較的明瞭なので，判断の客観性を担保する上で有用性の高い方法です。このとき，上述の不正や損害の大きさを量るための判断基準は，他の事案と比べてバランスのとれた対応を考えるときにも活用すべきものです。

⑺ 匡正的正義の条件③―対応が匡正・更生・予防という匡正的正義の目的を実現できること

　第三に，その対応が，匡正・更生・予防という匡正的正義の三つの目的を実現できるものでなければなりません。具体的には，罰（ペナルティー）を科す，大目に見る，注意する，許す，元通りにさせる（修理させる，掃除させる，弁償させる等），教育する，治療するといった多様な方法の中から，これら三つの目的を実現できる最善の方法を選択しなければなりません。

不正や損害への対応として真っ先に頭に思い浮かべるのは，罰を科すことでしょう。しかし，罰を科しても損害の回復にはつながりませんから，事案によっては，元通りにさせることが最善の方法ということもあり得ます。

また，対応には更生・予防という目的もありますから，教育や治療が最善の方法になることもあるでしょう。自動車運転免許停止処分者講習が行われたり，薬物犯罪者に離脱プログラムが施されたりするのは，その一例です。とりわけ，年少者の過ちに対しては，更生目的を強く意識すべきかもしれません。さらに，注意するという対応には，罰を科すという側面のほかに，教育するという側面もあることに思い至るべきでしょう。

詰まるところ，不正や損害の大きさの範囲内で，他の事案と比べて均衡のとれた，匡正・更生・予防の目的を実現できる最善の方法を選ぶ，あるいは，複数の方法を組み合わせるというのが，公正な対応ということになります。

⑻ 本授業における留意点

本教材が扱うアルバイトという事例は，社会において責任が問われる身近な場面であると同時に，関係性の中で過度に重いペナルティーが科されがちな場面として取り上げたものです。

おそらく生徒が頭を悩ませるのは，第2時でしょう。一般的には，不正や損害の大きさの順位と対応の重さは比例すべきものでしょうが，更生や予防目的を重視すれば，これと異なる取り扱いをすることも決して間違いではありません。

いずれにしろ唯一絶対の正解はありません。大切なのは，各種の判断基準を用いて理性的・合理的に熟慮された理由付けができることです。

なお，300円の盗み食いに対して10万円の罰金を科したという事例（第1時設問3）は，労働基準法16条1項「使用者は，労働契約の不履行について違約金を定め，又は損害賠償額を予定する契約をしてはならない」，同法91条「就業規則で，労働者に対して減給の制裁を定める場合においては，その減給は，一回の額が平均賃金の一日分の半額を超え，総額が一賃金支払期における賃金の総額の十分の一を超えてはならない」に違反するものでもあります。実社会でも起こりがちなトラブルなので，授業の中で知識として触れられるとよいでしょう。

⑼ 生徒のみなさんに学んでほしいこと

とかく世間には，不正や損害に対しては，罰を科しさえすれば全て解決するかのような短絡的な考え方が少なからず見受けられます。しかし，本授業で匡正的正義を学んだみなさんは，そのような単純な話としてとらえることはできなくなって，深い悩みの渦中へと放り出されることになるはずです。しかし，もし人間に対して深く考え配慮することを愛情というのであれば，みなさんは，その苦悩するプロセスを通じて，紛れもなく愛情を身に付けたということができるはずです。

みなさんが，将来，裁判員になったとき，あるいは，社会生活を営む中で，本授業で学んだことを活用してくださることを願っています。

第**1**時

盗み食いしたら罰金 10 万円！　これって正しいの？
～公正な対応の判断基準～

1. 本時の目標

1. 不正や損害に対して公正な対応をしなければならないことと，その目的が匡正・更生・予防にあることを理解する。
2. 公正な対応といえるための判断基準（①不正や損害の大きさと比べてバランスがとれていること，②他の事案と比べてバランスがとれていること，③匡正・更生・予防の目的を実現できること），及び，不正や損害の大きさを量るための判断基準（①被害の大きさ，②故意か過失か，③何度目の過ちか）を習得する。

段階	学習活動	指導上の留意点
導入 【5分】	○社会の中で見受けられる不正や損害とそれに対する対応を思い出す。	★授業開始時の生徒の認識を把握する。刑事犯＋刑罰が典型的回答と思われるが，この狭い認識を広く深いものへと変容させるのが授業の目標となる。
展開（1） 【15分】	【ワークシート①～④を配布】 ○不正や損害に対して公正な対応をしなかった場合の影響に気付く（設問1）。	★「理由」欄の解答例は次の通り。 ・店への影響：店の損害を回復できない ・Aへの影響：Aが盗み食いを繰り返すおそれが高まる ・それ以外への影響：A以外の人も盗み食いをするおそれが高まる
	○不正や損害に対して公正な対応をしなければならない目的（理由）は，匡正・更生・予防にあることを理解する（設問2）。	★生徒の解答が得にくい場合は設問1をヒントにして一般論に敷衍して考えさせる。 ★解答例は次の通り。 ① 不正を正し損害を回復する（匡正） ② 加害者による再度の不正・損害を防止して立ち直らせる（更生） ③ みなによる不正・損害を防止（予防）
展開（2） 【10分】	○公正な対応と言えるための判断基準Ⅰとして，その対応が不正や損害の大きさ（罪の重さ）と比べてバランスがとれていることを理解する（設問3）。	★「バランス」という点と関連して正義の女神が天秤をもっていることに触れられると印象を強められるだろう。中国最初の統一王朝である秦が，過酷な刑罰によって国を滅ぼしたといわれていることに触れるのも面白い。 ★労働基準法16・91条の説明もできるとよい。

132

| | | ○不正や損害の大きさ（罪の重さ）を量るための判断基準として，①被害の大きさ，②故意（わざと）か過失（うっかり）か，③何度目の過ちかを習得する（設問4）。 | ★解答例は次の通り。 |

<table>
<tr><td>（1）</td><td>罪重いのは</td><td>D</td></tr>
<tr><td></td><td>理由</td><td>（不正な行為は同じでも）被害が大きい</td></tr>
<tr><td>（2）</td><td>罪重いのは</td><td>F</td></tr>
<tr><td></td><td>理由</td><td>故意（わざと）</td></tr>
<tr><td>（3）</td><td>罪重いのは</td><td>H</td></tr>
<tr><td></td><td>理由</td><td>再度の過ち</td></tr>
</table>

| 展開（3）【5分】 | ○公正な対応と言えるための判断基準Ⅱとして，その対応が他の事案と比べてバランスがとれていることを理解する（設問5）。 | ★設問4で習得した不正や損害の大きさを量るための判断基準は，他の事案との軽重を比較する際にも用いるべきものである。 |

| 展開（4）【10分】 | ○公正な対応と言えるための判断基準Ⅲとして，罰する・注意する・許す・元通りにさせる・教育する等の多様な方法の中から，匡正・更生・予防の目的を実現できる最善の方法を選ばなければならないことを理解する（設問6）。 | ★不正や損害に罰で対応しようとする者は多い。しかし，罰だけで真に問題解決できることは驚くほど少ない。罰することそれ自体が目的ではなく，匡正・更生・予防が目的であること，そしてそれゆえに対応は実に多様であることに気付かせなければならない。
★「対応」の解答例は次の通り。 |

<table>
<tr><td>（1）</td><td>注意する</td></tr>
<tr><td>（2）</td><td>許す</td></tr>
<tr><td>（3）</td><td>元通りにさせる（掃除）</td></tr>
<tr><td>（4）</td><td>元通りにさせる（弁償），刑事処分（刑罰）を求める</td></tr>
<tr><td>（5）</td><td>教育する</td></tr>
</table>

★五つの方法全てが三つの目的を兼ね備えているが，その中でも強弱はある。強いて言えば，（1）は更生，（2）は更生，（3）は匡正，（4）は匡正・予防，（5）は更生となるか。

| まとめ【5分】 | ○本時の学習内容を確認する。 | |

2. 第1時・ワークシート①

盗み食いしたら罰金10万円！　これって正しいの？

設問1　次の事例における店長の対応にどのような問題があるか，①お店に対する影響，②Aさんに対する影響，③お店とAさん以外のみなに対する影響という観点から考えましょう。

> Aさんは，コンビニエンスストアのアルバイトです。
> ある日，Aさんは，代金300円の商品を盗み食いしました。
> しかし，店長は，何の対応もしません。

（問題点）
① お店に対する影響

② Aさんに対する影響

③ お店とAさん以外のみなに対する影響

設問2　私たちはどうして不正や損害に対して公正な対応をしなければならないのでしょうか。1の回答をヒントに，不正や損害に対応する目的を三つ考えましょう。

（1）目的①

（2）目的②

（3）目的③

3. 第1時・ワークシート②

設問3　次の事例における店長の対応にどのような問題がありますか。

> Bさんは，コンビニエンスストアのアルバイトです。
> ある日，Bさんは，代金300円の商品を盗み食いしました。
> そこで，店長は，Bさんに罰金10万円を払い，坊主頭にするように言いました。

（問題点）

設問4　不正や損害があるとき，どのような事情に基づいて，その大きさ（罪の重さ）を量ればよいでしょうか。

　次の各事例について，不正や損害が大きいと考える方に〇を付け，その理由を考えましょう。

【事例1】

> （　　）Cさんは，自転車で通りかかった友達を後ろから押しました。その結果，友達は転倒して，すり傷ができました。
> （　　）Dさんは，自転車で通りかかった友達を後ろから押しました。その結果，友達は転倒して，ひじを骨折しました。

理由〔　　　　　　　　　　　　　　　　　　　　　　　　　　　　　　　　　　　　〕

【事例2】

> （　　）Eさんは，自動車を運転中，考え事をしていて赤信号に気付かず交差点に進入しました。その結果，他の自動車と衝突しました。
> （　　）Fさんは，自動車を運転中，赤信号に気付いたのに無視して交差点に進入しました。その結果，他の自動車と衝突しました。

理由〔　　　　　　　　　　　　　　　　　　　　　　　　　　　　　　　　　　　　〕

【事例3】

> （　　）Gさんは，マンションの花壇を荒らしました。Gさんが，このようなことをしたのは初めてでした。
> （　　）Hさんは，マンションの花壇を荒らしました。Hさんは，以前にも花壇を荒らして注意されたことがありました。

理由〔　　　　　　　　　　　　　　　　　　　　　　　　　　　　　　　　　　　　〕

4. 第1時・ワークシート③

設問5　次の事例における店長の対応にどのような問題がありますか。

> IさんとJさんは，同じコンビニエンスストアのアルバイトです。
> ある日，IさんとJさんは，それぞれ別々に代金300円の商品を盗み食いしました。
> そこで，店長は，Iさんには300円の弁償を求め，Jさんには100円の弁償を求めました。

（問題点）

設問6　次の各事例について，どのような対応がされていますか。また，各対応によって不正や損害に対応する三つの目的を実現できるか考えましょう。

【事例1】

> コンビニエンスストアのアルバイトLさんは，お店の備品をうっかり落として壊してしまいました。店長は，Lさんに，「これからは気を付けなさい」と言いました。

対　応　：_____

不正を正し損害を回復する目的　：_____

加害者を立ち直らせる目的　　　：_____

みなによる加害を予防する目的　：_____

【事例2】

> コンビニエンスストアのアルバイトMさんは，道路の渋滞に巻き込まれたために遅刻をしました。Mさんが，迷惑をかけた店長やほかのアルバイトに「すいません」と謝ると，店長やほかのアルバイトは，「もういいよ」と言いました。

対　応　：_____

不正を正し損害を回復する目的　：_____

加害者を立ち直らせる目的　　　：_____

みなによる加害を予防する目的　：_____

5. 第1時・ワークシート④

【事例3】

> コンビニエンスストアのアルバイトNさんは，汚れた靴で店舗に入ったために床を汚してしまいました。店長は，Nさんに床を拭いておくように言いました。

対　応　：＿＿＿＿＿＿＿＿＿＿＿＿＿＿＿＿＿＿＿＿＿＿＿＿＿＿

不正を正し損害を回復する目的　：＿＿＿＿＿＿＿＿＿＿＿＿＿＿＿＿

加害者を立ち直らせる目的　　　：＿＿＿＿＿＿＿＿＿＿＿＿＿＿＿＿

みなによる加害を予防する目的　：＿＿＿＿＿＿＿＿＿＿＿＿＿＿＿＿

【事例4】

> コンビニエンスストアのアルバイトOさんは，レジのお金1万円を盗みました。店長は，Oさんに，1万円を弁償させるとともに，警察に事件を通報しました。

対　応　：＿＿＿＿＿＿＿＿＿＿＿＿＿＿＿＿＿＿＿＿＿＿＿＿＿＿

不正を正し損害を回復する目的　：＿＿＿＿＿＿＿＿＿＿＿＿＿＿＿＿

加害者を立ち直らせる目的　　　：＿＿＿＿＿＿＿＿＿＿＿＿＿＿＿＿

みなによる加害を予防する目的　：＿＿＿＿＿＿＿＿＿＿＿＿＿＿＿＿

【事例5】

> コンビニエンスストアのアルバイトPさんは，言葉遣いが乱暴だということで，お客さんからクレームが出ました。店長は，Pさんに付き合って言葉遣いのトレーニングをしました。

対　応　：＿＿＿＿＿＿＿＿＿＿＿＿＿＿＿＿＿＿＿＿＿＿＿＿＿＿

不正を正し損害を回復する目的　：＿＿＿＿＿＿＿＿＿＿＿＿＿＿＿＿

加害者を立ち直らせる目的　　　：＿＿＿＿＿＿＿＿＿＿＿＿＿＿＿＿

みなによる加害を予防する目的　：＿＿＿＿＿＿＿＿＿＿＿＿＿＿＿＿

第**2**時

アルバイトが遅刻した！　店長の対応は？
～不正や損害に対して公正な対応をする～

1. 本時の目標

1. 公正な対応といえるための判断基準，及び，不正や損害の大きさを量るための判断基準を用いて事案を分析した上で，不正や損害に対してどのような対応をすることが公正か判断できるようになる。

2. どのような対応をすることが公正かというテーマに関して，互いに「判断基準」という論拠に則った話し合いをすることで，合目的・理性的な議論ができるようになる。

段階	学習活動	指導上の留意点
導入 【5分】	○前時の学習内容を確認する。	
展開（1） 【15分】	【ワークシート①②を配布】 ○2回目のQの遅刻とRの遅刻に対する対応をヒントなしで考える（設問1）。 ○不正や損害の大きさを量るための判断基準を用いて事例を分析し，大きい順に順位を付ける（設問2）。	★「判断基準」を用いての公正さの検証は設問2以降で行うので，まずは直観的な回答でよい。 ★解答例は次の通り。
		★順位付けは，表を整理すれば1回目のQが最も軽いことは明らか。問題は2回目のQとR相互間の順位付けである。損害の大きさという客観的要素を重視すれば2回目のQ，故意・過失，何度目の過ちかという属人的要素を重視すればRが重いということになろう。熟慮の結果であれば同順位もあり得る。
	○設問1の対応が，公正な対応といえるための判断基準Ⅰ＝不正や損害の大きさ（罪の重さ）と比べてバランスがとれていることを充たすか検討する（設問3）。	★考え方の一例を挙げると，本件で店が被った「被害の大きさ」は金銭換算が困難ないわば「迷惑」とでもいうべきものにとどまっている。そうすると，「損害賠償」などの「迷惑」を上回る重い対応はバランスを失すると考えるのが一般的ではあるまいか。
	○設問1の対応が，公正な対応といえるための判断基準Ⅱ＝他の事案と比べてバランスがとれていることを充たすか検討する（設問4）。	★1回目のQに「注意」を与えていることが一つの基準となる。1回目のQより2回目のQとRの方が罪が重いと考えれば，「厳しく注意する」などの単なる「注意」より重い対応をとることになるのであろう。一方，2回目のQによる被害は生じていたとしても「迷惑」にとどまっている点

解答例の表：

Q 遅刻Ⅰ	被害小	過失	1回目
Q 遅刻Ⅱ	被害大	過失	2回目
R 遅刻	被害小	故意	1回目

		やRの遅刻は初回である点など，罪の重さに差があるとしても僅差であると考えれば，同等の「注意」を重ねて行うという対応もあり得るであろう。しかし，少なくとも「注意」より軽い「許す」といった対応は普通はバランスを失すると考えることになるのではあるまいか。
	○設問1の対応が，公正な対応といえるための判断基準Ⅲ＝不正や損害に対応する目的を実現できることを充たすか検討する（設問5）。	★例えば，Rは一度「注意」を与えたが「更生」できなかったのだから同等の「注意」では「更生」できないとか，実害が生じていない以上「回復」すべきものはないが迷惑はかけているから「迷惑をかけた人に謝らせる」ことで「不正を明らかにしてこれを正す（匡正）」ことができるし，RもQも謝ることで心構えができて「更生」に役立つ，謝られた側の他の店員も遅刻してはいけないと考えるきっかけになり「予防」にも役立つといったように「判断基準」を用いて自分の考えを検証させる。 ★不正や損害に対応する目的を実現するため，複数の対応を組み合わせる方法もあり得る。
展開（2） 【25分】	○グループに分かれて，どのような対応をすることが公正か，「判断基準」という論拠を用いた話し合いを行い，結果を発表する（設問6）。	★話し合いでは，感覚的・感情的な議論をさせるのではなく，上述のような「判断基準」を用いた合目的・理性的な議論をさせる。 ★発表では，「判断基準」を用いて「理由」も述べさせる。その際，不十分なら，教員が「判断基準」を用いた説明を補足する。
まとめ 【5分】	○本時の学習内容を確認する。	★授業内容と実社会の連続性にも触れたい。

2. 第2時・ワークシート①

アルバイトが遅刻した！　店長の対応は？

次の事例を読んで，以下の問いに答えましょう。

> 　QさんとRさんは，コンビニエンスストアのアルバイトです。
> 　ある日，Qさんは，大雨による事故の影響で，アルバイトに1時間の遅刻をしてしまいました。このときは，アルバイトの人数が足りていたので，お店の営業にはほとんど影響がありませんでした。店長は，遅れてやってきたQさんに「天気が荒れそうなときは気を付けてね」と言いました。
> 　しかし，翌日，Qさんは，うっかり寝坊して2時間の遅刻をしてしまいました。このときは，アルバイトが足りなくて，お店の営業は大混乱しました。
> 　さらにその翌日，Rさんも，2時間の遅刻をしてしまいました。Rさんの遅刻はこれがはじめてです。Rさんは，アルバイトに遅れると分かっていたのに友達と遊ぶのが楽しくて遅刻しました。このときは，アルバイトの人数が足りていたので，お店の営業にはほとんど影響がありませんでした。

設問1　あなたが店長なら，2回目のQさんの遅刻とRさんの遅刻に対して，どのような対応をしますか。

	Qの遅刻（1回）	Qの遅刻（2回）	Rの遅刻
対　応	注意した		

140

3. 第2時・ワークシート②

設問 2　次の表に，不正や損害の大きさ（罪の重さ）を量るための事情を整理し，重い順に順位を付けましょう。

判断基準	Qの遅刻（1回）	Qの遅刻（2回）	Rの遅刻
被害の大きさ			
わざと・うっかり			
何度目の過ちか			
罪の重さの順位			

設問 3　あなたの 1 の対応は，不正や損害の大きさ（罪の重さ）と比べてバランスのとれた公正なものですか。2 の表をヒントに考えましょう。

罪の重さに比べてバランスは？			

設問 4　あなたの 1 の対応は，他の事案と比べてバランスのとれた公正なものですか。2 の表をヒントに考えましょう。

他の事案と比べてバランスは？			

設問 5　あなたの 1 の対応は，不正や損害に対応する目的を実現できる公正なものですか。

不正を正し損害を回復する目的			
加害者を立ち直らせる目的			
みなによる加害を予防する目的			

設問 6　グループで話し合って，2 回目の Q さんの遅刻と R さんの遅刻に対する「公正な対応」を考えましょう。

対　応	注意した		

No. 10 ◎社会／○保健体育，特別活動／道徳，総合的な学習の時間

オリンピック代表選手は誰だ？

―公正な手続によってものごとを決める（手続的正義）―

1. 授業の目標

1. 社会的にものごとを決める上では，結果の如何にかかわらず，手続的正義すなわち情報収集と決定手続の公正が遵守されなければならないことを理解する。
2. 情報収集と決定手続の公正を判断するための基準を活用して，社会的にものごとを決める手続を批判的に評価したり，自ら構築したりすることができるようになる。
3. 結果が伴えばどのような手続をとってもよいというような短絡的な考え方ではなく，公正な手続によってものごとを決めようとする態度を育む。

2. 授業の構成

■第1時
スポーツにおけるフェアな手続について考える。

■第2時
オリンピック代表選手のフェアな選び方を考える。

3. 授業の解説

(1) 手続的正義の意義・機能

手続的正義とは，情報収集と決定手続における公正さのことをいいます。

No.8 の配分的正義と No.9 の匡正的正義の教材では，「何が正しいか」という実体的正義の問題を扱いました。これに対して，「何が正しいかを，どのように判断するか」というのが本教材で扱う手続的正義の問題です。

私たちは，日々，実に多くの社会的決定をしています。あるいは，実に多くの社会的決定に影響されています。学校では，清掃当番や部活のキャプテンを決め，地域では，町内会のレクリエーションを決めます。住民や国民が行う選挙や，自治体や国が行う行政決定や政治決定，そして裁判所が下す判決もその一つです。

もし，これが，どんな本を読むかというような一個人の中だけで完結する決定であれば，特

段，手続の公正さは必要としません。しかし，社会的決定となると，複数の人の幸福によかれあしかれ何らかの影響が及びますから，決定に至るまでのプロセスにみなが納得できること，すなわち手続の公正さが必要となります。

　何かを社会的に決定するという手続は，通常，まず必要な情報を収集し，次いでその情報に基づいて決定するというプロセスを経ます。

　その際，実質的正義に適うような賢明で公正な決定を行うためには，必要な情報を漏れなく集めることが必要です。また，集めた情報の一つひとつが信用できることや，その情報を使って判断を行う者が公平であることも必要です。逆にいえば，情報が不十分であったり，情報の信用性が乏しかったり，情報が不公平な扱われ方をしたりすると，決定は愚かで不公正なものとなる可能性が高まります。したがって，私たちが賢明で公正な結論を発見するためには，その手段として，情報収集と決定手続の公正さを欠かすことはできません。

　こうした意味での手続的正義は，実社会では，「判断の手続過程が不公正であるがゆえに，判断結果も不合理なものとして扱う」という考え方（手続的正義の消極的機能）として現れます。例えば，一方当事者の言い分しか聞かないでなされた決定は，判断過程が不公正であるがゆえに，結果も不合理なものとして扱われるといったようにです。

　ところが，殊に現代社会がそうであるように，人々の価値観や考え方が多様化し利害関係が複雑化してくると，問題によっては，そもそも「何が正しいか」について社会的に意見の一致をみることが難しくなります。そうなると，「何が正しいか」という結論を発見するための手段に過ぎなかったはずの手続的正義が，「何が正しいか」という結論の如何にかかわらず，それ自体として，別個独立の固有の価値を有することが認められるようになります。

　こうした意味での手続的正義は，実社会では，「判断の手続過程が公正であるがゆえに，判断結果も不合理ではないものとして扱う」という考え方（手続的正義の積極的機能）として現れます。例えば，会社の取締役は，必要な情報収集と公正な評価を尽くして経営判断したのであれば，その経営判断が著しく不合理なものでない限り，結果的に会社に損害を与えることになったとしても，法的責任を負わないといったようにです（経営判断の原則）。

　手続的正義という考え方は，元来，裁判手続が典型モデルとして考えられていたように，すぐれて法的な観念でしたが，今日では，以上述べてきたように社会のあらゆる領域に浸透し重要性を増しています。

(2) 情報収集手続の公正

　上述の通り，何かを社会的に決めるというプロセスにおいて，最初に行われるのは，必要な情報の収集です。

　その際，賢明で公正な決定を保障するためには，①必要な情報を全て集めること，②情報が信用できること，③手続が公平であることが不可欠です。「裁判官は，両方の側から聴くべし」という法格言はまさにこれらのことを言い表しています。例えば，民事・刑事を問わず裁判手続は，当事者に対して自己に有利な判決を得るための主張と立証そして反論を行うための公正

な機会を保障し，当事者を対等化するように制度設計されています（当事者主義）。

④弁護士や通訳等の専門家から，必要な援助を受けられることも欠かせません。当事者がその問題や手続，言語に疎ければ，質の高い情報を十分に取得することはできません。

⑤手続が予想できることも必要です。手続の開始とその手続で決定される内容が何かについて，適切な時期に事前に告知されなければ，準備を行うことができないので，やはり質の高い情報を十分に取得することはできません。手続の進め方についても同様に考えてよいでしょう。

(3) 決定手続の公正

次に行われる決定手続では，情報の賢明で公正な使用が保障されなければなりません。

そのためには，①決定者が中立であることが不可欠です。「何人も自分自身の事件について裁判官となるなかれ」という著名な法格言があるように，手続の当事者が決定者自身である場合や家族や友人である場合には，その利害関係ゆえに，情報の賢明で公正な使用を保障できません。また，現代の刑事裁判で，検察官と裁判官が分けられているのも，裁判官の予断と偏見を予防して，情報の賢明で公正な使用を保障するためです。

②手続が公開されることも必要です。手続の公開は，決定者の恣意専断を抑止するとともに人々の正当な関心を呼び起こし，情報の賢明で公正な使用に役立ちます。

③誤りを正す手続があることも重要です。人間のすることである以上，間違いは必ず起こり得るからです。わが国の裁判制度が三審制を採用しているのも，この理由からです。

(4) 他の重要な権利・利益等への配慮

最後に，自由やプライバシーといった他の重要な権利・利益等への配慮も必要です。

情報収集と決定手続の公正は，単に手続の遵守それだけを要請するのではなく，関係者の人格に対する正当な関心と尊重をも要請するからです。

我が国の刑事裁判を例にとると，拷問等によって得られた自白は証拠として用いることができないこと（自白法則）や，捜索や差し押さえといった強制捜査をするには裁判官の発布する令状が必要であること（令状主義），被告人に黙秘権が保障されていること等が挙げられます。

なお注意を要するのは，上述の情報収集と決定手続の公正に関する個々の判断基準は，場合によっては相互に対立することがあり得るという点です。したがって，そうした場合には，各基準を比較考量し，バランスをとることが必要になります。

(5) オリンピック代表選手の選考手続における公正の考え方

オリンピック代表選手の選考手続における実質的正義は，最も好成績を上げる者を選出すること，すなわち最も能力の優れた者に代表選手の地位を分け与えることです（配分的正義）。

もしオリンピックで好成績を上げる者を判断できる，つまり「何が正しいか」の正解を知ることができると考えるのであれば，①必要な情報を全て集めることと，②情報が信用できることという基準がとりわけ重要な意味をもつでしょう。なぜなら，より多くのより質の高い情報

が得られるほど，正解に近づくことができるからです。そうすると，手続としては，できるだけ試行回数（選考レースの数）を増やして偶然性を排除した上で，各種の要素を総合考慮して最も優れた選手を判断するのが望ましいと考えることになるでしょう。ただし，こうした決め方については，万一その選手が優れた成績を上げられなかった場合，別の選手を選んでおけばよかったという批判，つまり正解を誤ったという見方が生じやすくなるともいえます。

　これに対して，マラソンは，競技の性質上，コース，天候，参加競技者，レース展開等が一回一回みな違いますから，「何が正しいか」の正解を知ることはできないという考え方もありえます。もしそのように考えるのであれば，③手続が公平であることという基準が重要な意味をもつでしょう。なぜなら，正解を知る術がない以上，オリンピック本番の結果如何にかかわらず，フェアな競争によって選考したという手続自体に正統性を見出すより他にないからです。この考え方によれば，一回勝負のレースで代表を決めるという結論を導きやすいように思われます。また，この考え方で代表を選べば，万一選ばれた選手が好成績を上げられなかった場合でも，別の選手を選んでおけばよかったという批判は比較的起こりにくいといえそうです。

　ちなみに，2020年の東京オリンピックのマラソン日本代表選手の選考は，新設のマラソングランドチャンピオンシップの1回勝負とし，これまでの複数の選考レースはいずれも同チャンピオンシップへの出場権獲得レースとして位置付けるよう選考方式を改めました。この手続について，みなさんはどのように評価するでしょうか。

⑹ ドーピング検査と失格手続における公正の考え方
　ドーピング検査と失格手続における実質的正義は，違反者に適切なペナルティーを科すことです（匡正的正義）。

　これは，現在の科学力の範囲内でという留保は付くものの，「何が正しいか」の正解は明瞭で，かつ，それを知る方法も存在します。そうすると，手続が公正なら正しい結論に到達しますし，不公正なら誤った結論に到達するおそれが生じますから，このような観点から，手続を批判的に検討することになります。

　あわせて，自由やプライバシーといった他の重要な権利・利益等への配慮がなされているかについても，検討する必要があります。くれぐれも正しい結論を得るためなら，どのような手段でも許されるというような短絡的な考え方に陥ってはなりません。

　なお，ドーピング検査（尿検査）の詳細を知りたい方は，公益財団法人日本アンチ・ドーピング機構のホームページ（http://www.playtruejapan.org/）を参照するとよいでしょう。

⑺ 生徒のみなさんに学んでほしいこと
　手続的正義を貫くと，ものごとを決めるための手間は増えます。しかし，その手間をかけるからこそ，正しい答えを発見できる可能性が高まり，一人ひとりの幸福を守ることができるのです。生徒のみなさんには，手続を踏む手間を惜しまない人になってほしいと願います。

第1時

スポーツのフェアな手続を考えよう

1. 本時の目標

1. 社会的にものごとを決める上では，結果の如何にかかわらず，手続的正義すなわち情報収集と決定手続の公正が遵守されなければならないことを理解する。
2. 情報収集と決定手続の公正を判断するための基準を理解する。

段階	学習活動	指導上の留意点
導入 【5分】	○社会的に（複数の人で）何かを決めるときに，どのような手順を踏んだか思い出す。	★例えば，家族旅行の行き先を決める場合，まず候補地の情報を集め，次にその情報をもとに行き先を決めるというプロセスを踏む。 ★今回の授業がものごとを決める手続について学ぶこと，ものごとを決める手続は「情報収集→決定」という手順を踏むことを確認する。
展開（1） 【5分】	【ワークシート①〜④を配布】 （手続的正義の必要性） ○犯人に関する情報が得られたかにかかわらず，情報収集と決定手続の公正が遵守されなければならないことを理解する。 ○囲み中に「手続的正義」と記入する。	★スポーツクラブは「情報を集めて犯人が誰か判断するために」防犯カメラを設置した。 ★犯人に関する情報が得られない場合でも，犯人に関する情報が得られ逮捕につながった場合でも，更衣室利用者のプライバシーを侵害し問題がある。
展開（2） 【18分】	（情報収集手続の公正を判断するための基準） ○基準①「必要な情報を全て集めること」を理解する（事例1）。 ○基準②「情報が信用できること」を理解する（事例2）。 ○基準③「手続が平等であること」を理解する（事例3）。 ○基準④「必要な援助を受け	★設例は全てスポーツの実際の手続を改悪している。各スポーツの部員や詳しい生徒に実際の手続を答えてもらうと，授業が盛り上がり，内容を身近に感じてもらえるであろう。 ★フィギュアスケートでは9人の演技審判がGOEと構成点の採点を行い，うち2名の採点を事前抽選の結果により除外し，残り7名の採点の中から最高点・最低点を除いた5人の平均点を算出する。本問では，4人分の採点しか計算していないので問題がある。 ★主審がラインから遠く離れたところでするジャッジは信用性が低いので，問題がある。 ★走り幅跳では各選手に3回の試技が与えられ，上位8番目までの記録の選手にはさらに3回の試技が与えられ，合計6回の試技の中での最高記録により順位を決める。本問では，選手により試技の回数が異なっており不公平であるから，問題がある。 ★球団側は交渉に通じているのに，素人の選手に弁護士の援

146

	られること」を理解する（事例4）。 ○基準⑤「手続が予想できること」を理解する（事例5）。 ○囲み中の上から順に「全て」「信用」「公平」「援助」「予想」と記入する。	助を認めないのは問題がある。 ★ボクシングの計量は，選手がコミッションの指定した時刻に指定した場所へ出向いて行う。本問では，これらを知らせず，いきなり計量を行っているから，問題がある。
展開（3） 【12分】	（決定手続の公正を判断するための基準） ○基準①「決定者が中立であること」を理解する（事例6）。 ○基準②「手続が公開されること」を理解する（事例7）。 ○基準③「誤りを正す手続があること」を理解する（事例8）。 ○囲み中の上から順に「中立」「公開」「正す」と記入する。	★審判が自分と同じ国籍の選手に肩入れするおそれがあるので，問題がある。 ★試合の終了時間を決める判断過程が公開されていないので，問題がある。 ★審判の判断が誤っていたときに，これを正す手続が用意されていないので，問題がある。
展開（4） 【5分】	（情報収集と決定手続における他の重要な権利等への配慮） ○基準「他の重要な権利・利益等への配慮」を理解する（事例9）。 ○囲み中に「配慮」と記入する。	★監禁しての取り調べは，選手の自由を著しく侵害するから，問題がある。
まとめ 【5分】	○本時の学習内容を確認する。	★次の時間では，本時で学んだ基準を活用することを確認する。

147

2. 第1時・ワークシート①

スポーツのフェアな手続を考えよう

1 手続的正義の必要性

次の事例を読んで，以下の問いを考えましょう。

> さくらスポーツクラブでは，近頃，更衣室から財布が盗まれるという被害が度々発生しています。そこで，情報を集めて犯人が誰か判断するために，更衣室内に防犯カメラを設置し24時間録画することにしました。

（1）さくらスポーツクラブは，何のために防犯カメラを設置したのですか。

（2）防犯カメラを設置したものの，結局，犯人に関する情報を得られなかった場合，どのような問題がありますか。

（3）防犯カメラを設置したおかげで，犯人に関する情報が得られ逮捕につながった場合，どのような問題がありますか。

> どのような結果であるかにかかわらず，情報収集と決定手続は公正に行われなければなりません。
> 情報収集と決定手続の公正さのことを＿＿＿＿＿＿＿＿＿といいます。

148

3. 第1時・ワークシート②

2　情報収集手続の公正

次の事例について，どのような問題がありますか。

【事例1】

> フィギュアスケートの国際大会が行われています。9人の演技審判がいましたが，そのうち4人の採点だけを計算して順位を決めました。

（問題点）

【事例2】

> バレーボールの試合が行われています。審判は主審が一人しかいないので，ボールがラインを割ったかどうかを主審が遠く離れたところから確認しなければなりません。

（問題点）

【事例3】

> 陸上大会で走り幅跳びの競技が行われています。選手の中には，3回の試技が許された者と2回しか試技が許されなかった者がいます。

（問題点）

【事例4】

> プロ野球の契約更改交渉が行われています。A選手は，弁護士の同席を求めましたが拒絶されました。

（問題点）

149

4. 第1時・ワークシート③

【事例5】

> ボクシングでは，階級ごとに定められた体重をオーバーしていないか，事前に計量をして調べます。B 選手は，いつどこで計量を行うか知らされないままに，いきなり計量を始められました。

（問題点）

★これまでの設例を通じて，「情報収集手続の公正を判断する基準」をまとめてみましょう。

> ポイント：情報収集手続の公正を判断する基準
>   （1）　必要な情報を＿＿＿＿＿＿＿集めること
>   （2）　情報が＿＿＿＿＿＿＿＿＿できること
>   （3）　手続が＿＿＿＿＿＿＿＿＿であること
>   （4）　必要な＿＿＿＿＿＿＿＿＿を受けられること
>   （5）　手続が＿＿＿＿＿＿＿＿＿できること

3　決定手続の公正

次の事例について，どのような問題がありますか。

【事例6】

> 柔道の国際大会が行われています。ある試合では，主審が選手の一方と同じ国籍でした。

（問題点）

【事例7】

> サッカーの試合が行われています。その試合では，試合のロスタイムが会場に表示されませんでした。

（問題点）

5. 第1時・ワークシート④

【事例8】

> テニスの国際大会が行われています。あるプレーについて，選手がボールがラインを割っているかどうかのビデオ判定を求めましたが，審判は認めませんでした。

（問題点）

★これまでの設例を通じて，「決定手続の公正を判断するための基準」をまとめてみましょう。

> ポイント：決定手続の公正を判断するための基準
> 　　（1）　決定者が＿＿＿＿＿＿＿＿＿＿であること
> 　　（2）　手続が＿＿＿＿＿＿＿＿＿＿されること
> 　　（3）　誤りを＿＿＿＿＿＿＿＿＿＿手続があること

4　情報収集と決定手続における他の重要な権利・利益等への配慮

次の事例について，問題点を考えてみましょう。

【事例9】

> バスケットボールの国際試合が行われています。試合中にある選手が差別発言をしたとの申し出があったので，その選手が自白するまで監禁して取り調べを行いました。

（問題点）

★この設例のポイントをまとめてみましょう。

> ポイント：情報収集と決定手続の公正は，
> 　　　　　関係者の人格を尊重するという考え方を含むから
> 　　　　　他の重要な権利・利益等への＿＿＿＿＿＿＿＿＿＿が必要

第**2**時

オリンピック代表選手のフェアな選び方を考えよう

1. 本時の目標

1. 情報収集と決定手続の公正を判断するための基準を活用して，社会的にものごとを決める手続を批判的に評価したり，自ら構築したりすることができるようになる。

2. 結果が伴えばどのような手続をとってもよいというような短絡的な考え方ではなく，公正な手続によってものごとを決めようとする態度を育む。

段階	学習活動	指導上の留意点
導入 【5分】	○前時の学習内容を確認する。	★クラスによっては「オリンピック代表選手選考手続」か「ドーピング検査と失格手続」の一方に絞って掘り下げた授業をしてもよい。
展開（1） 【20分】	【ワークシート①〜④を配布】 ○設例1を音読する。 ○ジャポン国のマラソン代表選手選考手続について，情報収集と決定手続の公正を判断するための基準を用いて評価する（1）。 ○ジャポン国のマラソン代表選手選考手続について，望ましい手続を個人で考える（2）。 ○ジャポン国のマラソン代表選手選考手続について，望ましい手続をグループで話し合う（3）。 ○グループで話し合った手続について，情報収集と決定手続の公正を判断するための基準を用いて評価する（4）。 ○グループで話し合った手続と評価を発表し，クラス全体で共有する。	★ジャポン国のマラソン代表選手選考手続が問題となっていること，選手の能力に関する情報を必要としていることを確認させる。 ★コース，天候，参加競技者，レース展開等が異なる大会の成績を比較して選手選考する点で「手続が公平であること」という基準に，会長が一人で決める点で「決定者が中立であること」という基準に，手続が選考基準も含めて明らかにされていない点で「手続が公開されること」という基準にそれぞれ反しないか等が問題となる。 ★基本的な考え方としては，複数の選考レースを定めた上で最も能力の優れた者を総合考慮して判断するという方向性と，選考レースを一回勝負にしてレースの勝者を自動的に代表に選ぶという方向性がある。前者は「必要な情報を全て集めること」「情報が信用できること」という基準を重視する考え方で，後者は「手続が公平であること」という基準を重視する考え方である。どちらが正解ということもないので活発に議論させたい。 ★日本陸連では，複数の委員からなる選考委員会方式をとることで「決定者が中立であること」という基準を充たすようにしている。 ★選考基準の公開の他，選考会議の公開，議事録の公開など「手続が公開されること」という基準に関しても自由な意見が出るとよい。
展開（2）	○設例2を音読する。	★ドーピング検査と失格手続が問題となっていることと，選

		手による禁止薬物摂取の情報を必要としていることを確認させる。
【20分】		★設例では触れていないが，ドーピング検査では選手の故意・過失を問わないことから，知らないで禁止薬物を含むサプリメントを摂取してしまったような場合にも違反となることを説明するとよい。
	○ドーピング検査と失格手続について，情報収集と決定手続の公正を判断するための基準を用いて評価する (1)。	★C選手の言い分を聞かない点で「必要な情報を全て集めること」という基準に，尿を全量使い切り再検査できない点で「情報が信用できること」「誤りを正す手続があること」という基準に，深夜にいきなり訪問する点で「手続が予想できること」という基準に，24時間監視したり就寝中の選手を起こしたりする点で「他の重要な権利・利益等への配慮」という基準に反しないか等が問題となる。
	○ドーピング検査と失格手続について，望ましい手続を個人で考える (2)。	
	○ドーピング検査と失格手続について，望ましい手続をグループで話し合う (3)。	★実際のドーピング検査では，選手の言い分を聞く聴聞会を開いて「必要な情報を全て集めること」という基準を，予備の検体を用意して再検査できるようにすることで「情報が信用できること」「誤りを正す手続があること」という基準を，毎日検査の可能な時間を選手の側から指定申告させることで「手続が予想できること」「他の重要な権利・利益等への配慮」という基準を充たすようにしている。
	○グループで話し合った手続について，情報収集と決定手続の公正を判断するための基準を用いて評価する (4)。	
	○グループで話し合った手続と評価を発表し，クラス全体で共有する。	
まとめ 【5分】	○本時の学習内容を確認する。	

153

2. 第2時・ワークシート①

オリンピック代表選手のフェアな選び方を考えよう

設例1　代表選手の選考手続

> 20×× 年 8 月，4 年に一度のオリンピックが開催されます。ジャポン国でも，間もなくマラソン代表選手の選考が始まろうとしています。
>
> これまで，ジャポンマラソン協会では，次の四つの大会を走った選手の中から（なお，各大会への参加は選手一人ひとりが自分の意思で決めています），協会の会長が優秀と考える者を代表に選出してきました。
>
> | ① | オリンピック前年 8 月の世界大会 | サンフラワー国際マラソン |
> |---|---|---|
> | | 真夏の過酷なレースですが，世界中から優れた選手が集まります。 | |
> | ② | 同　　　　　12 月の国内大会 | つばき記念マラソン |
> | | 起伏が激しいコースで選手同士の駆け引きが楽しめます。 | |
> | ③ | オリンピック年　2 月の国内大会 | すいせん湖マラソン |
> | | 湖岸を一周する平坦なコースで，好記録が期待できます。 | |
> | ④ | 同　　　　　 3 月の国内大会 | たんぽぽ杯マラソン |
> | | オリンピック直前のレースということで世間の関心を集めます。 | |
>
> しかし，それ以外の手続は選考基準も含めて一切明らかにされておらず，中には会長と関係の深い選手が選ばれていると口にする人もいます。

（1）ジャポンマラソン協会によるオリンピック代表選手の選考手続が公正かどうかについて，情報収集と決定手続の公正を判断するための基準を用いて，公正なら○，公正でないなら ×，不明なら△を付けて評価し，その理由を考えましょう。

判断基準	評価	理由
必要な情報を全て集めること		
情報が信用できること		
手続が公平であること		
必要な援助を受けられること		
手続が予想できること		
決定者が中立であること		
手続が公開されること		
誤りを正す手続があること		
他の重要な権利等への配慮		

154

3. 第2時・ワークシート②

(2)望ましい選考手続について個人で考えましょう。

(3)望ましい選考手続についてグループで話し合いましょう。

(4)グループで話し合った選考手続について，情報収集と決定手続の公正を判断するための基準を用いて，公正なら〇，公正でないなら ×，不明なら△を付けて評価し，その理由を考えましょう。

判断基準	評価	理由
必要な情報を全て集めること		
情報が信用できること		
手続が公平であること		
必要な援助を受けられること		
手続が予想できること		
決定者が中立であること		
手続が公開されること		
誤りを正す手続があること		
他の重要な権利等への配慮		

4. 第2時・ワークシート③

設例2　ドーピング検査と失格手続

① オリンピックでは薬物を使って競技力を高めること（ドーピング）が禁止されています。ジャポンマラソン協会でも，ドーピング検査を強化するため，C選手に次の通り検査を行いました。

② まず，マラソン協会は，C選手を含む全選手に対して，レース1週間前からマラソン協会指定の合宿所に宿泊させ，在室時はビデオカメラにより，外出時は調査員が見張りに付くことより，24時間態勢で監視しました。

③ レース前日の午後11時頃，調査員がいきなりやってきて，すでに眠っていたC選手を起こしてドーピング検査を行いました（なお，ドーピング検査は，トイレで，規定量の尿を調査員の監視の下，採尿容器に採取して行い，調査機関が尿の中に禁止薬物が含まれていないかを調べます）。

④ レース当日，C選手は寝不足になりながらも何とか1位になりました。

⑤ 調査機関が，C選手の尿を全て使い切って検査したところ，禁止薬物の反応が検出されました。そこで，マラソン協会は，C選手の言い分を聞かずに直ちに失格処分としました。

（1）ジャポンマラソン協会によるドーピング検査と失格手続について，情報収集と決定手続の公正を判断するための基準を用いて，公正なら〇，公正でないなら×，不明なら△を付けて評価し，その理由を考えましょう。

判断基準	評価	理由
必要な情報を全て集めること		
情報が信用できること		
手続が公平であること		
必要な援助を受けられること		
手続が予想できること		
決定者が中立であること		
手続が公開されること		
誤りを正す手続があること		
他の重要な権利等への配慮		

5. 第2時・ワークシート④

(2) 望ましいドーピング検査と失格手続について個人で考えましょう。

(3) 望ましいドーピング検査と失格手続についてグループで話し合いましょう。

(4) グループで話し合ったドーピング検査と失格手続について，情報収集と決定手続の公正を判断するための基準を用いて，公正なら○，公正でないなら ×，不明なら△を付けて評価し，その理由を考えよう。

判断基準	評価	理由
必要な情報を全て集めること		
情報が信用できること		
手続が公平であること		
必要な援助を受けられること		
手続が予想できること		
決定者が中立であること		
手続が公開されること		
誤りを正す手続があること		
他の重要な権利等への配慮		

No.11 ◎社会／○特別活動

裁判を経験してみよう！

―刑事裁判手続を通して，論理的思考，問題解決能力を学ぶ―

1. 授業の目標

1. 刑事裁判手続について学び，司法制度の根幹をなす裁判制度を知る。
2. 思い込みや感情ではなく，証拠や事実に基づいて道筋を立てて考える論理的思考が行える
   ようになる。
3. 自分とは相反する立場の意見も踏まえて結論を出す裁判手続における思考過程を，実社会
   において見解が対立する諸課題の解決にも活かそうとする意欲を育む。

2. 授業の構成

■ 第1時
実際の裁判を簡単にした刑事模擬裁判を行う。

■ 第2時
ワークシートに従い，刑事模擬裁判における評議を行う。

3. 授業の解説

(1) 刑事裁判とは？

　日本の裁判には，大きく分けて「民事裁判」と「刑事裁判」の二つがあります。

　本教材で扱うのは「刑事裁判」です。「刑事裁判」は，裁判所が①窃盗や傷害，殺人など，ある人が法律で定められた罪を本当に犯したのか，②犯したのならどの程度の刑罰（死刑か，無期懲役か，懲役何年か，罰金がいくらかなど）を与えるのがふさわしいのかなどを決める裁判のことを指します。

(2) 裁判員裁判とは？

　裁判員裁判とは，職業裁判官3人と国民から選ばれた裁判員6人の合計9人が一緒に，殺人罪，強盗致傷罪など，刑罰が重い事件について，①ある人が法律で定められた罪を本当に犯したのか（犯人かどうか），②罪を犯したのであれば，どの程度の刑罰を与えるのがふさわしい

のかなどを決める裁判です。

　市民の司法参加の意義については，裁判の内容に市民の視点や感覚が反映されるようになり，司法に対する理解と信頼が深まること，市民社会の構成員が法を逸脱した場合の処罰についても，市民が自律的に判断するのが望ましいことなどが挙げられています。

　市民の司法参加の制度としては，大別して，事件ごとに選任された市民が裁判官とは独立して有罪・無罪のみを判断する陪審制と，市民が一定の任期の間に行われる裁判において，裁判官と共に，有罪・無罪及び有罪の場合の刑の量定を判断する参審制があります。裁判員制度は，事件ごとに選任される点では陪審制に近いですが，裁判官と共に有罪・無罪及び有罪の場合の刑の量定まで判断する点で参審制に近い，日本独自の制度です。なお，日本でも，戦前の一時期に，陪審制が採用されていた時期がありました。

(3) 刑事裁判の大切なルール

　社会の人々が安心して生活できるためには，そもそもどのような行為が犯罪にあたり，処罰されるのかについて，あらかじめ法律によって定められている必要があります（「罪刑法定主義」といいます）。自分の行ったことが，後から犯罪と言われて処罰対象にされるかもしれないと思うと，人々の行動が過度に萎縮してしまう危険性があるからです。

　刑事裁判においては，手続も非常に厳格です。なぜなら，刑事裁判は，冤罪（無実の人を有罪にすること）を生み出さないようにしながらも，社会の人が安心して生活するために，公平で，真実を発見できる手続にしなければならないためです。そして，真実を発見するためには，思い込みや感情をできるだけ排除しなければなりません。そのため，裁判では，裁判上で提出された証拠，証人や被告人の発言にのみ基づいて事実を認定し，有罪・無罪を決定し，量刑を決定しています（「証拠裁判主義」といいます）。

　ところで，検察官が，被告人を有罪であると証明するためには，合理的な疑いをはさむ余地がないほどに証拠によって証明されなければなりません。その証明ができない場合，裁判所は，被告人に対し，無罪を言い渡さなければなりません。なぜなら，刑事上の罪に問われている人は，法律に基づいて有罪とされるまでには「無罪と推定される権利」があるためです（「無罪推定」といいます）。

(4) 有罪無罪に正解はありません

　裁判員裁判では，前述の通り，職業裁判官と国民から選ばれた裁判員が，①法律で定められた罪を本当に犯したのか，②犯したのならどの程度の刑罰を与えるのがふさわしいのかを決めますが，本教材では，授業時間が限られていることから，①，つまり「有罪か無罪かを考える」ことを生徒のみなさんに行っていただきます。

　本教材では，有罪もしくは無罪に傾く証拠や事実が多く散りばめられています。そのため，生徒たちには，本教材から，有罪もしくは無罪に傾く証拠や事実を「宝探しゲーム」のように探してもらいます。そして単に証拠や事実を探すだけではなく，漫画やアニメに登場するよう

159

な「名探偵や名刑事」のように，その各証拠や事実をどう組み合わせて，証拠や事実をどのように評価するかも考えてもらい，被告人が犯人か犯人ではないかを考えてもらいます。

　ところで，本教材では，結論として有罪方向と無罪方向のどちらにも傾くように作成しています。それは，本教材が「有罪か無罪かを決めること」を目的としているわけではないからです。

　例えば，①本件被告人が，盗まれたものと同じ種類，同じ数量のものを，未開封の新品状態でもっていたこと，②事件から30分後の午前1時45分に，事件現場から約2キロしか離れていない場所で，所持していたこと，③被害者は拳で殴られており，被告人は拳を怪我していたこと，④犯人は，犯行時，上はジャケット，下はジーンズという格好をしていて，被告人も，発見時に上はジャケット，下はジーンズという格好をしていたこと，⑤被告人は，友達からもらったと主張しているが，友達の名前を言わないなど被告人の主張は不自然であり信用することができないことなどの各事実などに着目すると，被告人が有罪になることに傾きます。

　他方で，①被告人の所持品が，盗まれたものといえる証拠がないこと，②被告人が手に入れた方法や経緯に関しても，被告人の誕生日が近いから，実際に友達からもらった可能性は否定できないこと，③今回の怪我は，握ってできる拳の部分よりも位置が手首の側に近いこと，④犯人は，犯行時，帽子をかぶっていたが，被告人は，発見時に帽子をかぶっていなかったこと，⑤被告人の供述を信用できないとするだけの根拠もないこと，被害者の証言も信用できないなどの各事実などに着目すると，被告人が無罪になることに傾きます。

　解説の後ろに，第2時のワークシートの書式を用いて，有罪もしくは無罪に傾く証拠や事実を分類した例を付けておきました。また，分類した証拠や事実を，どのように有罪・無罪の判断材料とするかについてもコメントを付けておりますので，参考になさってください。ただし，これはあくまでも一例ですので，例示されていない証拠や事実が挙がることもあるでしょうし，有罪もしくは無罪の評価が例示と異なっていたとしても，根拠が明確に示されていれば，何ら問題はないということになります。分類例の最初の事実のように，同じ事実を，有罪の根拠にも無罪の根拠にも用いることが可能な場合も考えられます。刑事模擬裁判の面白さの一つだと思います。

　弁護士が学校現場で刑事模擬裁判の授業に携わると，先生や生徒のみなさんから，「本当は有罪か無罪かどちらですか」という質問を受けることがよくあります。しかし，ここまでの解説をお読みいただければ，そういう質問自体がナンセンスであることがお分かりいただけることでしょう。

⑸ 生徒のみなさんに学んでほしいこと

　本教材は，生徒のみなさんに，単に刑事裁判，裁判員裁判という制度を理解して頂くだけではなく，論理的思考の展開，議論のルール，問題解決能力などを学んでもらうことも狙っています。

　論理的思考とは，思い込みや感情ではなく，証拠や事実に基づいて道筋を立てて考える思考

のことを指します。本教材では，①どのような証拠があるか，②その証拠から，どのような事実が認められるのか，③認められた事実をどう評価するのか，④なぜそう考えたのか，⑤自分の主張をどう考えるのか，思い込みや感情ではなく，証拠や事実に基づいて，道筋を立てて考えることを，学んでほしいと考えています。

　そして，討論や議論をする場は，決して自分の主張をするだけの場ではありません。討論・議論には，必ず相手の存在があります。そのため，相手の話を聞くことも大事になります。また，討論・議論をする際にも論理的思考も重要になってきます。感情だけの討論・議論は，全く意味がなく，喧嘩になってしまうだけです。そのため，討論・議論では，自分の主張を，道筋を立てて，明確にし，分かりやすく正確に伝える必要があります。また，限られた時間のなかで，討論・議論をするため，短時間で伝えることも大事になってきます。

　本教材では，グループ討論の時間があるため，グループ討論を通して，前述の討論・議論のルールも学んでほしいと考えています。

　そして，現在の学習指導要領では，「生きる力」を育むために，「確かな学力」を身に付けさせることが求められています。そして，そのなかで「問題解決能力」を学ぶことを重要視しております。問題解決能力とは，問題に直面した場合，その問題を解決するために，①何が問題になっているのかを把握し，②仮説や解決する場合の計画を立て，③実行する力などのことを指します。

　本教材を通して，生徒のみなさんが，①何が問題になっているのかを考え，②有罪か無罪か，自分の立場を決めて，③決めた立場に基づいて，証拠，事実を探し，組み合わせ，評価し，④グループ討論をし，他人の話を聞き，自分の考えを再考しながら，問題解決能力も学んでほしいと思っています。

　そして，本教材での学習を終えた生徒のみなさんが，本教材で体得した問題解決能力を活かして，実社会において見解が対立する諸課題の解決に積極的に取り組んでいただきたいと願います。

【分類例】 (参考)

	有　罪	無　罪
目　撃	●被告人は，犯行があったわずか30分後，被害のあった店から約2キロしか離れていない路上において，店から通報を受けた警察官に発見されている。 →犯行直後に店の近くにいたのであれば，被告人が犯行を行うことは可能であった。 ●被告人は，被害者である沢井さんの供述と同じ格好をしていた。 →犯行直後に犯人と同じ恰好をしていたのであれば，被告人が犯人である可能性が高い。 ●沢井さんに確認したところ，被告人が犯人に間違いないと述べた。 →犯人の目撃者が被告人を犯人と言っており，被告人が犯人である可能性が高い。	●被告人は，犯行があったわずか30分後，被害のあった店から約2キロしか離れていない路上において，店から通報を受けた警察官に発見されている。 →被告人が本当に犯人であれば，捕まらないようもっと早く，遠くに逃げているはずであるから，被告人が犯人とはいえない。 ●犯人と被告人の恰好は，ある程度共通しているが，帽子がない点が異なっている。 →帽子をかぶっていなかった被告人を犯人と断定できない。 ●防犯カメラにも犯人らしき人物が映っているが，映像は不鮮明である。 →防犯カメラに映っている人物が，被告人であるということはできない。 ●目撃した沢井さんは，眠気がある状況で，さらに犯人の顔を一瞬しか見ておらず，顔をはっきりと覚えてはいない。 →沢井さんが犯人の顔をちゃんと目撃できていたか疑わしい。 ●男性に声をかけた場所は店外で，街灯はチカチカしていた。 →沢井さんが犯人の顔をちゃんと目撃できていたか疑わしい。
被害品について	●被告人が持っていたリュックサックの中には，開封されていない，店から盗まれた物と同じ商品名で，同じシールの貼られた商品が，盗まれたのと同じ個数入っていた。 →プレゼントが未開封なのは不自然であり，同じ商品を同じ個数持っていたとすれば，被告人が持っていた物が盗まれた商品と同一である可能性が高い。 ●被告人は，プレゼントしてもらった友達の名前を言わない。 →プレゼントされたという供述の裏付けがなく，盗んだ商品であることを隠す言い訳である可能性が高い。	●店から盗まれた物と同じ商品名で，同じシールの貼られた商品が，盗まれたのと同じ個数というだけでは，被告人が持っていた物が事件のあった店から盗まれた物であるとは断定できない。友達が事件のあった店で購入した可能性もあり得る。 →被告人が持っていた物が盗まれた商品とは別の物である可能性がある。 ●被告人が持っていた物は，友達からもらった。 →被告人が持っていた物が盗まれた商品とは別の物である可能性がある。友達に迷惑をかけたくないという気持ちをもつことは自然であり，言い訳とは考えにくい。

手の怪我	●被告人は，手を怪我していた。 →犯人の怪我と一致しており，被告人が犯人である可能性が高い。	●被告人の手の怪我は，逮捕される前に転倒してできた怪我である。 →沢井さんを殴って怪我をしたものではない。 ●手を怪我したところが，手の甲であり，拳で人を殴って怪我をするところではない。 →被告人の怪我が，沢井さんを殴って怪我をしたものとはいえない。
その他		

第1時

模擬裁判を行い，刑事裁判の流れを体験しよう

1. 本時の目標

1. 模擬裁判を通じて，刑事裁判手続の流れを理解する。

段階	学習活動	指導上の留意点
導入 【15分】	【ワークシート①②を配布】 ○刑事裁判の基本原則，刑事裁判の流れを確認する。 【ワークシート③～⑭を配布】 ○模擬裁判の対象となる事件の「あらすじ」を確認する。 ○配役を決定する。	★裁判官役，検察官役，弁護人役，証人役，被告人役の生徒を決める。複数名決めて，セリフを分担してもよい。残りの生徒たちは，裁判員役になってもらう。
展開（1） 【35分】	○模擬裁判を行う。 ○各配役の生徒がセリフを読む。 ○検察官の証拠調べを行う。裁判員役の生徒は，ワークシート⑦⑧のイラストを確認する。 ○被害者の証人尋問を行う（ワークシート⑧～⑪）。 ○裁判員役の生徒は，ワークシート⑭を記入しながら話を聞く。 ○弁護人の証拠調べである被告人質問を行う（ワークシート⑫～⑬）。 ○裁判員役の生徒は，ワークシート⑭を記入しながら話を聞く。 ○被害者の証言と被告人の供	★検察官が「なぜ被告人が犯人である」と考えるのか，弁護人が「なぜ被告人が犯人ではない」と考えるのか，理解させる。 ★生徒たちに対し，思い込みや感情ではなく，被告人が犯人かどうかについては，「証拠」や「事実」に基づいて道筋を立てて考えるように伝える。 ★ただ読むのではなく，強弱をつけて読ませると効果的である。 ★どのような証拠があるのか，生徒たちに確認させる。防犯カメラの映像は顔が写っていないことを強調する。 ★被害者の証言（言葉）も証拠になることを伝える。ただし，被害者の証言が必ずしも真実とは限らないこと，被害者の証言だけで有罪にならないことも伝える。 ★裁判員役の生徒には，証人が言っている方の事実に「〇」を付けさせる。 ★被告人の供述（言葉）も証拠になることを伝える。ただし，被告人の供述が必ずしも真実とは限らないこと，被告人の供述だけで有罪にならないことも伝える。 ★裁判員役の生徒には，被告人が言っている方の事実に「〇」を付けさせる。

| | 述が信用できるかどうかを考える。 | |
| | | ★本模擬裁判はここで終わるが，ワークシート②を使いながら，実際の刑事裁判では，このあとに検察官の論告（検察側の意見と懲役〇年などの求刑），弁護人の弁論（証拠調べの結果を踏まえた弁護人の意見），被告人の意見陳述（被告人が最後に言いたいこと），評議や判決があることを補足する。 |

2. 第1時・ワークシート①

刑事(けいじ)裁判とは？

●「証拠(しょうこ)裁判主義」

　刑事裁判手続は，無実の人を罰(ばっ)しないように，真実を発見するために，厳しい手続になっています。そのため，思い込(こ)みや感情をできるだけ排除(はいじょ)しなければなりません。そこで，裁判では，裁判上で提出された証拠，証人や被告人(ひこくにん)の発言にのみ基づいて事実を認定し，有罪・無罪を決定し，量刑を決定しています。これを，証拠裁判主義といいます。

●「無罪推定」

　無罪推定とは，刑事上の罪に問われている人は，法律に基づいて有罪とされるまでには，無罪と推定される権利があることを指します。

　そのため，被告人を有罪とするためには，検察官が合理的な疑いをはさむ余地がないほどに証拠によって証明しなければなりません。その証明ができない場合，裁判所は，被告人に対し，無罪を言(い)い渡(わた)さなければなりません。被告人・弁護人が無罪の証明をする必要はありません。

●刑事裁判の登場人物

「裁判官」…被告人の有罪・無罪，刑の程度を決定する人。
「裁判員」…裁判官と一緒(いっしょ)に被告人の有罪・無罪，刑の程度を決定する人。
「被告人」…裁判を受ける人。
「証　人」…事件について知っていることを証言する人。
「検察官」…被告人の処罰(しょばつ)を求める人。
「弁護人」…被告人の利益を守る活動をする人。

3. 第1時・ワークシート②

刑事裁判の流れ

冒頭手続	人定質問	裁判官が被告人に名前・住所などを聞き，人違いでないことを確かめます。	
	起訴状朗読	検察官が起訴状を朗読します。 ＊起訴状＝被告人がやったと疑われていること（公訴事実）が書かれています。この公訴事実が裁判で調べられる事件の要点になります。	
	黙秘権等の告知	裁判官が被告人に黙秘権等を伝えます。 ＊黙秘権＝言いたくないことは言わなくてもいいし，言わなくてもそのことだけで被告人に不利益に扱われない権利。	
	罪状認否	被告人と弁護人が公訴事実に間違いがないかなどについて答えます。	
証拠調べ手続	冒頭陳述	証拠によって証明しようとすることを検察官（と弁護人）が言います。	
	検察官による証拠調請求	証拠の例・被告人や被害者などが話したことをまとめた供述調書 ・事件現場の状況や写真をまとめた実況見分調書 ・被害者などが裁判で被害にあった様子などを話す証言	
	証拠調請求に対する意見	検察官が調べてほしいという証拠を裁判に出すことについて，被告人側が意見を言います。 ＊被告人側の同意など、条件をクリアしたものしか証拠として裁判に出せません。	
	証拠決定	裁判に証拠として出すことを裁判官が認めます。	
	証拠調べ	書面の証拠を読み上げたり，証人尋問（証言をしてもらう手続）をしたりします。	
	被告人側の立証	被告人側も証拠を出すことがあります。	
	被告人質問	証人尋問と同じ方法で被告人が事件のことなどを話します。	
弁論手続	論告・求刑	裁判のまとめや被告人にふさわしい刑罰の種類・重さについての検察官の意見	
	弁論	裁判のまとめ（や被告人にふさわしい刑罰の種類・重さ）についての弁護人の意見	
	被告人の最終陳述	被告人が言いたいことを言う最後のチャンス	
	結審	以上で審理（事件の中身を調べる手続）が終了します。	
評議・評決		裁判官（や裁判員）が事件に話し合って，判決の内容（有罪か無罪か，有罪ならどんな刑にするか）を決めます。	

4. 第1時・ワークシート③

コンビニ事後強盗致傷事件　模擬裁判

～あらすじ～

今回の事件は，被告人とされた大学生が，「コンビニで万引きをして店員を怪我させた」という事後強盗致傷事件です。事後強盗致傷とは，万引きなどの窃盗の後に，盗んだ物の取り返しを防いだり，逮捕を免れたりする等のために，暴行や脅迫をして，相手を怪我させるという犯罪です。

検察官は，警察に捕まった大学生が犯人であるとしています。大学生と弁護人は，犯人ではないと言っています。大学生は，被告人として刑事裁判を受けることになりました。

【冒頭手続】
■人定質問
裁判長：開廷します。被告人は，証言台のところに立ってください。

名前は何と言いますか。

被告人：前田淳史です。

裁判長：生年月日はいつですか。

被告人：平成9年3月27日生まれの21歳です。

裁判長：本籍はどこですか。

被告人：仙台市緑区いしのまき3丁目5番です。

裁判長：住所はどこですか。

被告人：東京都新宿区中池袋9丁目5番1号です。

裁判長：職業は何ですか。

被告人：大学生です。

裁判長：では，被告人に対する事後強盗致傷被告事件についてこれから審理します。

■起訴状の朗読

裁判長：まず，検察官から起訴状の朗読がありますから，聞いてください。

（検察官，起立する）

168

5. 第1時・ワークシート④

検察官：起訴状を読み上げます。公訴事実。被告人は,平成30年3月25日午前1時15分ごろ,東京都新宿区中池袋1丁目2番2号のコンビニエンスストア中池袋店店内において,「おばけベルト」1個,「おばけバック」1個,「おばけメガネ」1個を万引きして盗み,店外に出たところ,これに気付いた店員の沢井景子さん（当時22歳）に逮捕されそうになったので,逮捕されないようにするために,右手の握りこぶしで沢井さんの顔面を数回殴りつける暴行を加え,沢井さんに全治2か月の顔面骨折を負わせました。
罪名及び罰条。事後強盗致傷,刑法第238条,第240条。
以上について,審理をお願いします。

（検察官,着席する）

■黙秘権の告知等

裁判長：ここで被告人に説明をしておくことがあります。被告人には黙秘権という権利があります。これは,言いたくないことは言わなくてもよいという権利です。質問があっても,最初から最後まで黙っていることもできれば,答えたくない質問に対してだけ答えないということもできます。
　　　　もちろん,法廷で発言をすることもできますが,その場合,被告人に対して有利であれ不利であれ,証拠になりますから注意してください。分かりましたか。

被告人：はい。

■被告事件に対する陳述（罪状認否）

裁判長：では,その上でお聞きしますが,今検察官が読んだ起訴状の事実について何か言いたいことはありますか。

被告人：私は犯人ではありません。私はやっていません！

裁判長：弁護人のご意見はいかがですか。

弁護人：被告人が述べた通り,被告人は犯人ではありません。被告人は無罪です！

裁判長：被告人は,元の席に戻ってください。

（被告人,着席する）

169

6. 第1時・ワークシート⑤

【証拠調べ手続】
■検察官の冒頭陳述

裁判長：それでは，ここから証拠調べの手続に入ります。

　　　　まず，検察官から，冒頭陳述，言い換えると，証拠によって証明しようとする事実，本件の争点，証拠調べの着眼点などについての説明をしてください。

（検察官，起立する）

検察官：まず，検察官が起訴している事実のあらましをお話しします。

　　　　被告人は，平成30年3月25日午前1時15分ごろ，東京都新宿区中池袋1丁目2番2号にあるコンビニエンスストア中池袋店を訪れ，陳列中の「おばけベルト」1個，「おばけバック」1個，「おばけメガネ」1個をリュックサックに入れて万引きして盗み，代金を支払わずに外に出ました。しかし，これに気付いた店員の沢井景子さんが店外まで追いかけ，店舗から10メートル先の路上で，被告人の肩をたたいて声をかけると，被告人は，逮捕されないために，右手の握りこぶしで沢井さんの顔面を数回殴る暴行を加えました。その結果，沢井さんは，全治2か月の顔面骨折を負いました。

　　　　さて，私は，今，被告人が犯人であるということでお話ししましたが，被告人は，自分は犯人ではないと言って争っています。

　　　　検察官は，これから行われる証拠調べにおいて，被告人が犯人であることを証拠によって明らかにしていきます。

　　　　その際，みなさんに注目してほしい二つのポイントがあります。

　　　　一つ目のポイントは，本件犯行時，被告人が犯人として目撃されているということです。この後，逮捕時に着用していた被告人の服装，逮捕時に被告人が負っていた右手こぶしの怪我の写真，防犯ビデオの映像をよく見て，また沢井さんの話をよく聞いていただきたいと思います。

　　　　二つ目のポイントは，被告人が，本件犯行から約30分後の午前1時45分ごろ，コンビニエンスストアから約2キロメートルしか離れていない中池袋8丁目25番3号付近の路上で逮捕されたとき，盗まれた商品を持っていたということと，その商品を持っていた経緯について被告人が合理的な説明ができないでいることです。盗まれた「おばけベルト」，「おばけバック」，「おばけメガネ」にはみな値引きシールが貼られていましたが，逮捕時に，被告人の持っていたリュックサックの中から，開封されていない，盗まれたものと同じ値引きシールが貼られた同じ商品名の商品が，盗まれたのと同じ個数発見されました。このことを，これからの証拠調べの中で明らかにしていきます。

（検察官，着席する）

7. 第1時・ワークシート⑥

■弁護人の冒頭陳述

裁判長：続いて，弁護人からも冒頭陳述をしてください。

（弁護人，起立する）

弁護人：弁護人から，被告人側の主張と，証拠調べで着目してほしいポイントをお話しします。

被告人は犯人ではありません。

被告人は，平成30年3月25日午前1時ごろ，新宿区中池袋6丁目のアルバイト先でアルバイトを終えて，中池袋9丁目の自宅にまっすぐ歩いて帰っていたら，午前1時45分ごろ，中池袋8丁目25番3号付近の路上に差し掛かったところで，いきなり警察官に人違いで逮捕されてしまっただけなのです。

これから行われる証拠調べでは，みなさんに，次の三つの疑問をもちながら証拠を見たり話を聞いたりしてほしいと思っています。

第一に，防犯ビデオに写っていたのが本当に被告人なのか，沢井さんの目撃したのが本当に被告人なのかということです。

第二に，被告人が逮捕時に持っていた「おばけベルト」，「おばけバック」，「おばけメガネ」が，本当に盗まれた商品と同一のものかということです。

第三に，被告人の右手こぶしの怪我がどうしてできたのかということです。

この後，被告人も，自らの口で，これらの疑問に対する説明を行います。みなさん，どうか被告人の言葉に耳を傾けてください。

被告人は犯人ではありません。被告人は無罪です。

（弁護人，着席する）

8. 第1時・ワークシート⑦

■ 証拠書類の取調べ

裁判長：ここから証拠調べの中身に入っていきます。
　　　　まず，証拠書類を取り調べます。検察官，どうぞ。

（検察官，起立する）

検察官：1通目の証拠書類は，本件関係場所の地図です。

本件犯行のあったコンビニエンスストア，被告人の自宅，被告人のアルバイト先，被告人が逮捕された場所の位置関係が示してあります。コンビニエンスストアから被告人が逮捕された場所までは約2キロメートル，コンビニエンスストアからアルバイト先までは，約1キロメートルの距離です。

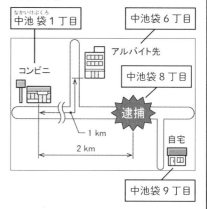

■周辺地図

2通目の証拠書類は，防犯ビデオの映像をプリントアウトした写真です。

中央に，黒いジャケットと青いジーンズを着た犯人の姿が映っています。右下には，撮影時刻午前1時15分と示されています。

■防犯カメラの映像

3通目の証拠書類は，被告人の逮捕時，右手を撮影した写真です。

右手こぶしが赤く腫れあがっています。

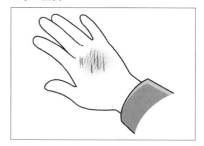

■手の怪我

9. 第1時・ワークシート⑧

4通目の証拠書類は，被告人逮捕時の状況を撮影した写真です。

被告人は，黒いジャケットと青いジーンズを着ています。右下には，撮影時刻午前1時45分と示されています。

5通目の証拠書類は，コンビニエンスストアで盗まれた商品と同種の商品を販売している様子を撮影した写真です。

商品には，30パーセント引きの値引きシールが貼ってあります。

■被告人の逮捕時の状況

■商品の販売状況

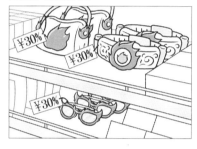

■証拠物の取調べ

裁判長：次に，証拠物を取り調べます。検察官，どうぞ。

検察官：これらは，逮捕時に被告人が持っていた，おばけベルト1個，おばけバック1個，おばけメガネ1個です。いずれにも，30パーセント引きの値引きシールが貼ってあります。

（検察官は，商品を（手に持っているつもりで）高く掲げ，みなに見せる動作をする）

（検察官，着席する）

■被告人の逮捕時の所持品

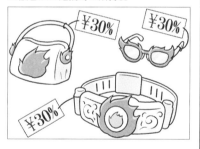

■証人尋問

裁判長：次に，沢井景子さんに対する証人尋問を行います。

証人は，証言台のところに立ってください。

（証人，証言台の前に立つ）

10. 第1時・ワークシート⑨

裁判長：名前は何と言いますか。

証　人：沢井景子です。

裁判長：生年月日や住所は，書いていただいた証人カードの通りですね。

証　人：はい。

裁判長：今から，あなたに真実を語るという意味の宣誓をしてもらいます。宣誓のあと，わざと嘘を証言すると，偽証罪という犯罪になりますので，ご注意ください。では，宣誓書を読み上げてください。

（証人，紙を手に持つ（フリをする））

証　人：宣誓。良心に従って真実を述べ，何事も隠さず，偽りを述べないことを誓います。

裁判長：それでは，検察官から質問してください。

（検察官，起立する）

検察官：あなたは，事件の起きた3月25日午前1時15分ごろ，どこにいましたか。

証　人：事件のあったコンビニでアルバイトをしていました。

検察官：そのとき，あなたは何か見ましたか。

証　人：男の人が万引きするのを見ました。

検察官：その男はどのような動きをしたのですか。

証　人：おばけベルト，おばけバック，おばけメガネをリュックの中に入れていました。

検察官：そのとき，あなたと男とはどのくらいの距離がありましたか。

証　人：20メートルくらいです。

検察官：あなたの視力はいくつですか。

証　人：1.2です。

検察官：おばけベルト，おばけバック，おばけメガネには，何か特徴はありましたか。

証　人：それらは季節商品だったのですが，季節が過ぎてしまったので。30パーセントの値引きシールを貼って販売していました。

検察官：あなたは，男が万引きするのを見て，何かしましたか。

証　人：その男の人は，お金を払わないでお店の外に出ていってしまったので，あわてて後を追いかけて，男の人の肩をたたき「お客さん，お金払ってないですよね」と声をかけました。

検察官：そうしたら，何が起きましたか。

証　人：その男は振り向きざまにいきなり私の顔を右手のこぶしでものすごい力で何回か殴ってきました。

検察官：殴られてあなたはどうなりましたか。

証　人：殴られた衝撃で，その場に倒れこんでしまいました。

検察官：男はそのあとどうしましたか。

証　人：猛ダッシュで逃げていきました。

検察官：あなたを殴った男は，どのような服を着ていましたか。

証　人：上は黒いジャケット，下は青いジーンズを履いていました。手には，青色のリュックを持っていました。

検察官：男の体形や顔はどうでしたか。

11. 第1時・ワークシート⑩

証　人：太っても痩せてもいませんでした。顔は丸顔だったと思います。

検察官：身長はどのくらいでしたか。

証　人：私より少し背が高くて，170センチくらいだと思います。

検察官：あなたを殴った男は，この法廷の中にいますか。

証　人：はい。

検察官：その人を指さしてください。

証　人：あそこに座っている被告人です！　間違いありません！

（証人，被告人を指さす）

検察官：以上です。

（検察官，着席する）

裁判長：それでは，弁護人，どうぞ。

（弁護人，起立する）

弁護人：あなたは，事件のあった日，何時から何時までが勤務時間でしたか。

証　人：本当は10時から19時までの予定でした。でも，私の後のアルバイトの子が急に休んで
　　　　しまって。午前3時まで仕事をしていました。

弁護人：大変でしたね。お疲れの上に，こんな被害にまであってしまって。

証　人：まさか後の子が休むと思わなくて，前の日遅くまでDVDを見ていましたし。我慢でき
　　　　ずついウトウトするぐらい疲れていました。

弁護人：話は変わりますが，その男はどのような格好をしていたのですか。

証　人：黒いジャケット，青いジーンズに，青いリュックです。

弁護人：黒いジャケット，青いジーンズ，青いリュックというのは，男性のごくありふれた格好
　　　　ですね。もっと詳しく説明していただけますか。

証　人：……。

弁護人：あなたは男の顔を見ましたか。

証　人：男がリュックに商品を入れているとき，横顔を見ました。

弁護人：男は頭に何かかぶっていませんでしたか。

証　人：ツバのある黒い帽子をかぶっていました。

弁護人：そうすると，ツバのある黒い帽子をかぶった男の横顔を見たのですね。

証　人：はい。

弁護人：正面は見ていないのですか。

証　人：……は，はい。でも，それはいきなり殴られたから！

弁護人：なるほど。男の顔をじっくり見る時間はなかったのですね。

証　人：まあ……，そうです。

弁護人：男に殴られたのは，どのあたりですか。

証　人：コンビニから出て，10メートルくらい離れた路上です。

弁護人：そこに街灯はありましたか。

証　人：ありましたけど……，チカチカしていたと思います……。

弁護人：おばけベルト，おばけバック，おばけメガネは，中池袋店でしか売っていないのです
　　　　か。

12. 第1時・ワークシート⑪

証　人：私の働いているコンビニチェーンの限定商品ですから，それ以外では売っていません。

弁護人：商品に貼ってあった値引きシールは，中池袋店でしか貼られていないのですか。

証　人：季節商品なので，同じコンビニチェーンなら別のお店でも貼っていたと思います。

弁護人：あなたの働いているコンビニチェーンは，全国にどのくらいの数の店舗があるのですか。

証　人：4000店くらいです。

弁護人：終わります。

（弁護人，着席する）

裁判長：はい，それでは証人尋問を終わります。

（証人，傍聴席に戻る）

13. 第1時・ワークシート⑫

■被告人質問

裁判長：被告人質問を行います。被告人は証言台のところに立ってください。
　　　　では，弁護人から質問してください。

（弁護人，起立する）

弁護人：今回の事件について，あなたは全く身に覚えがないのですね。

被告人：はい，そうです。全く身に覚えがありません！

弁護人：あなたが逮捕された3月25日午前1時45分より前の，あなたの行動を教えてください。

被告人：24日夕方から，中池袋6丁目のアルバイト先で仕事でした。

弁護人：それから，どうしましたか。

被告人：25日午前1時ごろ，アルバイトが終わったので，ゲームをしようと思って，中池袋9丁目の家にまっすぐ帰っていました。

弁護人：帰宅途中，何かありましたか。

被告人：ちょうどアルバイト先と自宅の中間地点あたりになる中池袋8丁目の路上で警察官に呼び止められて，職務質問をされました。

弁護人：そうしたら，警察官にリュックの中身を見せろと言われたのですね。

被告人：はい。自分から進んでリュックを開けて中身を見せました。

弁護人：警察官は何か言いましたか。

被告人：「これはどこで買ったのか」，「犯人と特徴が一致してるんだぞ」とかいろいろ言われました。自分は何もしてないと説明したんですが，警察署になかば無理やり連れていかれてしまいました。

弁護人：あなたは，おばけベルト，おばけバック，おばけメガネをどこで手に入れたのですか。

被告人：前日の24日に，親友からもらいました。

弁護人：あなたの誕生日はいつですか。

被告人：プレゼントをもらった3日後の3月27日です。

弁護人：あなたの手の怪我はどうしたのですか。

被告人：3月24日のアルバイト中に転んで，手を打ち付けたときのものです。

弁護人：その日，あなたは帽子をかぶっていましたか。

被告人：いいえ，かぶっていません。

弁護人：最後に，何か言いたいことはありますか。

被告人：私は，絶対に何もしていません！

（弁護人，着席する）

裁判長：では，検察官どうぞ。

（検察官，起立する）

検察官：あなたにおばけベルトなどをくれた親友の名前を教えてください。

被告人：迷惑をかけたくないので，言えません……。

検察官：親友の名前が分かれば，その親友に本当のことを証言してもらって，すぐに無罪になるかもしれないのに，それでも言えませんか。

被告人：……。でも，迷惑をかけるから，言えません。

14. 第1時・ワークシート⑬

検察官：それでも親友と言えるのですか。

被告人：……。

検察官：その親友というのはどういう人なのですか。

被告人：えーとその……，2〜3か月ぐらい前だったかに知り合った，同じくらいの年の子で……，遠くに住んでいて……。

検察官：おばけベルトなどは親友からのせっかくのプレゼントなのに，あなたは開封しなかったのですか。

被告人：はい，していません……。開ける機会がなかったので。

検察官：おばけベルトなどをもらったとき，プレゼント用の包装はされていたのですか。

被告人：いえ，されていませんでした。

検察官：あなたの右手の怪我は，どのように転んでできたのですか。

被告人：後ろに転んで，手の甲側を打ち付けてしまいました。

検察官：手のひら側を打ち付けたのではないのですか。

被告人：はい。

検察官：終わります。

（検察官，着席する）

裁判長：それでは被告人質問を終わります。

（被告人，元の席に戻る）

裁判長：では，以上で証拠調べ手続きを終わります。

15. 第 1 時・ワークシート⑭

裁判員役チェックシート

被害者の言ったこと	被告人の言ったこと
①万引きの様子から （ 見ていた　見ていない ）。	①「おばけベルト」などは （コンビニから盗んだ 最近知り合った友達にもらった）。
②万引きをしていた男性の肩をたたき，声 をかけたら， （ いきなり　会話をしてから ） 殴られた。	②怪我している部分は （ 手の甲　手のひら ）であり， （ 転んだ　人を殴った ）ことが原因で怪 我をした。
③犯人の特徴を （ 覚えている　覚えていない 曖昧である ）。	③捕まった当時帽子を （ かぶっていた　かぶっていない ）。
④男性は帽子をかぶっており，帽子を （ 深く　浅く ） かぶっていた。	④捕まった時間は，犯行があった時間から （ 30 分後　　1 日後 ） で，捕まった場所は，犯行があった場所 から （ 20 キロ　　2 キロ ）ほど離れた場所 である。
⑤犯行があった日は （ 眠かった　眠くなかった ）。	⑤プレゼントは （ 開封していた　開封していない ）。
⑥男性に声をかけた場所は （ 店内　店外 ） で，街灯は （ はっきり　チカチカ ）していた。	⑥プレゼントしてもらった友達の名前は （ 言える　　言えない ）。

第**2**時

評議を行い，論理的思考・議論のルールを学ぼう

1. 本時の目標

1. 思い込みや感情ではなく，証拠や事実に基づいて道筋を立てて考える論理的思考ができるようになる。

2. 自分とは相反する立場の意見を踏まえて結論を出すことで，討論，議論のルールを理解し，問題解決能力を身に付ける。

3. 模擬裁判を経て学習した論理的思考・議論のルールを，実社会においても見解が対立する諸課題の解決に活かしていこうとする意欲をもつ。

段階	学習活動	指導上の留意点
展開（2）【25分】	【ワークシートを配布】 ○4人から6人程度のグループを作る。 ○まず，各生徒が自分の考えとその理由を発表する。その後，グループ内で，「被告人が犯人といえるか」を話し合い，グループの意見を決める。 ○有罪もしくは無罪に傾く決め手と考えた，「争いがない事実」（検察官も弁護人も争っていない客観的な事実），被害者の証言，被告人の供述を付箋等の用紙に記入する。そして，グループごとに，配布された模造紙に，付箋を貼っていく。	★討論・議論をする際のルール（自分の意見を言うこと，相手の話を聞くこと，自分の主張を，道筋を立てて，明確に分かりやすく正確に伝えること）を説明する。 ★第1時・ワークシート⑦⑧の検察官の証拠も確認させる。 ★証人（被害者）と被告人の証言が信用できるかどうかも検討させる。 ★各グループにワークシートの書式が記載された模造紙と付箋を配る。 ★模造紙に付箋を貼る際に，付箋を貼る位置は，他の生徒の意見を聞いた上で途中で動かしてもよいこと，似た内容の付箋を近くにまとめて貼ること等を注意喚起する（「KJ法」と呼ばれる手法である）。 ★一つの理由のみから「被告人が犯人かどうか」を決めるのではなく，複数の理由から決めさせるように促す。こうすることによって，物事を多面的に分析することの重要性を理解させる。
展開（3）【20分】	○グループごとに模造紙を用いて発表する。 ○各グループの発表を聞き，自分の考え，グループの考えと照らし合わせる。	★結論に至った理由として，検察官の証拠，被害者の証言や被告人の供述をどう考えたか（信用できたのか，なぜ信用できないと考えたのかなども含めて）も発表させる。

| まとめ
【5分】 | ○先生からまとめの話を聞く。 | ★本模擬裁判には唯一の正解が存在するわけではなく，有罪・無罪どちらにもなり得ることを伝える。
★本模擬裁判で体験した論理的思考が，実社会においても見解が対立する諸課題の解決に活かすことができることを示唆する。 |

2. 第2時・ワークシート

	有　罪	無　罪
目　撃		
被害品		
手の怪我		
その他		

【日弁連市民のための法教育委員会　教材作成チーム】（下線は編集担当者）

〈東京弁護士会〉
　　佐 藤 大 和

〈第一東京弁護士会〉
　　吉 田 幸 加

　　五十嵐 裕美子

〈第二東京弁護士会〉
　　小 田 裕美子

　　朴 　 貴 玲

〈神奈川県弁護士会〉
　　村 松 　 剛

〈群馬弁護士会〉
　　矢 田 健 一

〈山梨県弁護士会〉
　　中 野 宏 典

〈長野県弁護士会〉
　　樋 川 和 広

〈大阪弁護士会〉
　　宮 島 繁 成

〈奈良弁護士会〉
　　小 椋 和 彦

　　中 谷 祥 子

〈愛知県弁護士会〉
　　荒 川 武 志

〈岐阜県弁護士会〉
　　武 藤 玲央奈

〈福井弁護士会〉
　　野 坂 佳 生

〈広島弁護士会〉
　　西 本 聖 史

〈島根県弁護士会〉
　　野 島 和 朋

〈福岡県弁護士会〉
　　末 廣 清 二

〈熊本県弁護士会〉
　　鬼 塚 　 洋

　　飯 田 喜 親

〈岩手弁護士会〉
　　鈴 木 真 実

〈秋田弁護士会〉
　　髙 橋 重 剛

〈札幌弁護士会〉
　　石 塚 慶 如

※現在の委員でない者も含め，本書に関わった全ての委員を挙げている。

中学校のための法教育 11 教材
～一人ひとりを大切にする子どもを育む～

2018（平成 30）年 9 月 2 日　初版第 1 刷発行
2019（平成 31）年 2 月 9 日　初版第 2 刷発行

編著者：日本弁護士連合会市民のための法教育委員会
発行者：錦織　圭之介
発行所：株式会社東洋館出版社
　　　　〒 113-0021　東京都文京区本駒込 5 丁目 16 番 7 号
　　　　営業部　電話 03-3823-9206　FAX 03-3823-9208
　　　　編集部　電話 03-3823-9207　FAX 03-3823-9209
　　　　振 替　00180-7-96823
　　　　URL　http://www.toyokan.co.jp
印刷・製本：藤原印刷株式会社
装丁・本文デザイン：吉野　綾（藤原印刷株式会社）
制作協力：株式会社あいげん社

ISBN978-4-491-03582-6　　　Printed in Japan

[JCOPY] ＜㈳出版者著作権管理機構　委託出版物＞
本書の無断複写は著作権法上での例外を除き禁じられています。複写される場合は，
そのつど事前に，㈳出版者著作権管理機構（電話 03-5244-5088，FAX 03-5244-5089，
e-mail：info@jcopy.or.jp）の許諾を得てください。